公交走廊集成化管控系统与车路协同应用

李亚飞　温志刚　俞忠东　编著

人民交通出版社股份有限公司
北　京

内 容 提 要

本书深入研究国内外公交走廊集成化管控系统的先进理念和研究方法，强化信息技术与交通工程的融合，集成了智能交通系统、物联网、车路协同等领域的先进技术成果，提出了公交走廊集成化管控系统的建设思路、目标、关键技术和解决方案。本书的研究成果对于落实公交优先战略、提升城市交通效率、改善城市环境和提高居民生活水平具有重要的现实意义。

图书在版编目(CIP)数据

公交走廊集成化管控系统与车路协同应用 / 李亚飞，温志刚，俞忠东编著. — 北京：人民交通出版社股份有限公司，2020.2

ISBN 978-7-114-16340-1

Ⅰ. ①公… Ⅱ. ①李… ②温… ③俞… Ⅲ. ①公共交通系统-交通控制-研究②公共交通系统-智能控制-研究 Ⅳ. ①U491.1

中国版本图书馆 CIP 数据核字(2020)第 027870 号

Gongjiao Zoulang Jichenghua Guankong Xitong yu Chelu Xietong Yingyong

书　　名：公交走廊集成化管控系统与车路协同应用
著 作 者：李亚飞　温志刚　俞忠东
责任编辑：朱明周
责任校对：孙国靖　扈　婕
责任印制：刘高彤
出版发行：人民交通出版社股份有限公司
地　　址：(100011)北京市朝阳区安定门外外馆斜街 3 号
网　　址：http://www.ccpress.com.cn
销售电话：(010)59757973
总 经 销：人民交通出版社股份有限公司发行部
经　　销：各地新华书店
印　　刷：北京虎彩文化传播有限公司
开　　本：787×1092　1/16
印　　张：10. 25
字　　数：203 千
版　　次：2020 年 2 月　第 1 版
印　　次：2020 年 2 月　第 1 次印刷
书　　号：ISBN 978-7-114-16340-1
定　　价：50. 00 元

编 委 会

主　编：李亚飞　温志刚　俞忠东

副主编：刘　静　李要娜　孙益侠

前　　言

随着国内大中城市高强度的发展和汽车保有量的与日俱增,城市居民对快捷舒适的出行需求迅猛增长,导致城市交通拥堵问题日趋严峻。在城市土地空间资源和能源缺乏的约束条件下,亟须寻找更有效的交通模式,建立集约化的城市交通结构,为市民提供高品质、省时间、低消耗的出行服务,实现城市交通的可持续发展。

国家从宏观层面制定了优先发展城市公共交通的政策,这是缓解城市交通拥堵的重要举措,是必然的战略选择。在交通运输部公交都市示范项目的推动下,国内各大中城市公共交通的发展业已从传统的常规公交单一模式向构建大容量快速公交+常规公交+最后一公里的公共交通综合体系转变。

城市交通走廊是交通网络的主动脉,它使分散的、零星的城市交通流相对集中于走廊内,承担较大的运输量。城市公交走廊是集中承载公共交通客流的交通走廊,是连接城市中心及重要地区、在城市发展中具有重要支撑和引导作用的公共交通设施。快速公交走廊充分利用已有的快速道路和城市干线,以快速公交线路为骨架,与具有较大重复系数的公交线网协调组成大中容量客运系统。它对城市中的重要交通走廊开展综合改造,打通城市交通骨干脉络,以公共交通为主要承载方式,从而有效地疏导城市主要交通流,为市民带来快捷、舒适的公交服务,显著提升公交系统整体竞争力,吸引出行向可持续发展的交通模式转移。

改善公交走廊运行环境,要消除长期以来交通管理以车为本的认识误区,转向以人为本的观念,加强公交优先的技术手段,以提升走廊客流承载力和公交运送速度。目前,公交专用车道还有许多问题没有得到统筹解决;各种交通模式混行,相互干扰严重,执法力度不强,公交专用路权无法得到保障;公交重复线路过多,公交车站停靠空间与上下车人数不匹配,公交车辆进出站台不便,站台周边秩序混乱,乘客上下车缺乏安全保障;道路交叉口信号周期过长,相位设置不合理,没有采取公交信号优先措施，公交车辆路口排队等待时间较长，在站台和路口，公交车辆排队形成的长龙时常可见；在公交站点，由于公交车辆进站和出站困难，不能汇入正常车流，引起交通堵塞，各种车辆拥挤在瓶颈处蹒跚而行；在大型客流集聚站点，乘客难以准确判断车辆停靠泊位，疲于追赶无规律变换停靠位置的车辆，造成站台秩序混乱；公交车辆违规远离站台停靠，导致乘客在行车道上车，带来安全隐患；由于走廊交通环境的复杂性，公交候车可靠性降低，班次间距波动大，经常出现串车和断车现象，乘客时常陷入数十分钟长期等车不至的困境。

智能交通系统在公交走廊中可以发挥巨大的升效作用。在公交走廊集成化化管控系统中，借助无线传感器技术、精准定位技术、视频检测技术、车路协同技术、信号优先技术、智能公交运筹调度技术，加强了车、站、路和驾驶员、调度者、乘客之间的联系，使交通系统各要素之间形成有机联系，使交通系统的时间资源和空间资源得到最佳利用，提高了交通系统的运行效率、交通安全水准和出行服务质量。

本书深入研究国内外公交走廊集成化管控系统的先进理念和研究方法，总结了编著者近年来基于物联网的智能交通科研成果、交通走廊工程实践经验与体会，强化信息技术与交通工程的融合，集成了智能交通系统、物联网、车路协同等领域的先进技术成果，弥补按专项技术和交通模式分立的“烟囱”式管理的不足，突破了物联网的交通应用瓶颈，提出了公交走廊集成化管控系统的建设思路、目标、关键技术和解决方案。在交通走廊上部署车辆智慧系统、公交运营调度系统、干支线协同适配系统、站台秩序管理系统、客流检测和分析系统、公交专用道视频监测和执法系统、公交信号优先系统、公交乘客信息发布系统，集成化交通工程、交通组织、交通管理、公交服务设施、公交运营服务、社会车辆出行以及其他各种交通模式的运行管理，以整体降低走廊中的行程时间、提升可靠性以及安全性，以智能公交优先技术增强公共交通的吸引力，促进出行者向高可持续性的交通方式转移。本书所述的研究成果应用和系统规划建设，对于落实公交优先战略、提升城市交通效率、改善城市环境质量和提高居民生活水平具有重要的现实意义。

本书由李亚飞、温志刚和俞忠东编著。刘静、李要娜、孙益侠、史晓雷、寇咏晟为本书提供了部分内容与素材。在本书的撰写过程中，研究团队的研究生赵跃、张雨田、张凯淏等参加了部分章节的文字整理工作。

特别感谢哈尔滨市交通运输局信息中心和哈尔滨市公交管理处在系统开发中给予非常有益的业务指导，提供了诸多设计素材，并组织实施了工程应用。作者与世界银行专家周为民、焦育辉进行了深入讨论，他们引进了国外的先进理念，提供了国内其他城市类似项目的经验，并参与了廊道项目的深入讨论，对两位专家给予的悉心指导表示感谢。本书的编写得到了华录智达科技有限公司、北京四通智能交通系统集成有限公司和北京瑞华赢科技发展有限公司等单位的大力支持，在此表示深深的感谢！

伴随可持续交通的发展以及智慧城市建设的推进，公共交通系统的研究及其在城市交通走廊的应用成果日新月异，尽管作者加倍努力，仍然难免挂一漏万。如有不当之处，敬请广大读者批评指正。

作　者

2020 年 2 月

目　　录

第 1 章　集成化走廊管理概述

集成化走廊管理(Integrated Corridor Management,ICM)是国外发达城市业已探索成功的城市主干道综合改善方法。美国交通部在 2006 年启动了先行试点示范,在美国交通部的推动下,美国众多州、市政府参考这一方法,设立了自己的走廊工程项目,期冀借此改善交通状况。目前,我国城市在这方面的实践经验亟待受到关注,特别是在采用技术措施改善整体运行效果方面具有很大提升空间。本书以哈尔滨市新阳路公交走廊改善为例,详细阐述如何借助智能交通系统技术实施集成化走廊管理,提高公交运营效率,优化公交出行体验,为其他城市提供可供借鉴的经验。

1.1　集成化走廊管理的概念

集成化走廊管理可以有效降低城市交通拥堵程度,提高公交吸引力,是一种有效的综合改善措施。对重要走廊实行一体化多模式交通治理,可以提高道路整体运行效率[1]。集成化走廊管理能够有效地利用政府有限资源,对城市中的重要交通走廊开展综合改造,打通城市交通骨干脉络,从而有效地疏导城市主要交通流,因而在国外城市应用较为广泛。如伦敦提出基于全旅程的优质公交走廊项目,每年在若干走廊实施 10 项公交车站改善措施,10 年间将伦敦公交年客运量提高了 75%;纽约自 2010 年起在 5 条繁忙交通走廊(其中 3 条通往曼哈顿)规划并实施了选择公交服务,实施了改善交通走廊沿线路段站台停靠等 8 项措施,使得公交行驶时间缩短了约 19%,纽约重点落实公共交通改善、区域微循环组织完善及交通需求管理措施,大大改善了曼哈顿地区公共交通。

近年来,世界银行在中国若干城市进行了公交走廊建设的试点,包括辽阳、盘锦、太原、乌鲁木齐、武汉、襄阳、西宁、长治、哈尔滨等地。

目前业界对交通走廊的概念尚无统一明确的定义。直观地说,交通走廊是运输的骨干线路,是在某一地域内,满足居民出行以及货物运输的主要需求、支持较大规模的交通流、客货密集、有多种运输方式可供选择的通道。本书着重研究和描述如何借助智能交通系统技术,提升走廊中公交运营水平。本书中“走廊”特指拥有大中运量公交方式的交通走廊。集成化走廊管理通过机构协作以及沿主要走廊积极主动地集成管理现有基础设施和系统,从而增强了公交的有效流动。

美国的ICMS(Integrated Corridor Management System,集成化走廊系统)计划将集成化走廊定义为连接相同起点和目的地的、离散的、相邻的地面交通网络(例如高速公路、干线、公交网络)的组合。该系统对走廊系统的管理是在运行管理上进行的,而不是在地理上或组织上进行的。

集成化走廊管理结合了两个基本概念:主动管理和集成。

主动管理涉及监视和评估系统的性能,同时动态地执行操作并响应需求波动提供服务。在集成化走廊管理的走廊中,必须主动管理所有的设施和服务,根据系统上任何位置发生的事件实时操作、进行处置。主动管理的一个重要因素是向系统操作员和系统用户推送信息,以使他们能够做出最明智的决定和选择。

集成则涉及体制集成、运营集成和技术集成:

①体制集成:通过交通运营商(例如公交公司)、相关机构和主管单位之间的协调与运作,以跨越机构边界的方式分配特定的运营职责、共享控制功能,以支持集成化走廊管理。

②运营集成:日常实时实施多机构运输管理策略,这有助于管理走廊的总容量和整体需求并促进信息共享,实现走廊内各种交通模式的协调运营以及资产共享使用。

③技术集成:提供技术手段(例如,机构之间的通信链接,共享数据、系统接口和相关标准),可以有效地在走廊网络及其各自的交通管理系统之间共享和分配信息,系统化操作和控制各项功能,可以立即查看和评估运营决策对走廊的影响。没有体制和业务上的集成就无法实现技术集成。

在当今的城市交通走廊中,走廊涉及的每个机构通常都独立处理业务。尽管各机构可以在某种程度上进行协作以处理随机事件或预先计划的事件,但每个机构都会独立执行大多数日常操作。

由于城市交通涉及多种交通模式和多个管理部门,集成化走廊管理的概念应运而生,用于弥补现有按部门和交通模式的"烟囱"式管理的不足,集成化走廊管理就是在一条交通走廊上集成进行道路基础设施、公交服务设施、交通管理设施、公交运营服务、社会车辆出行以及其他各种交通模式的运行管理,以整体降低走廊中的行程时间、提高出行可靠性以及保障出行安全性,同时采用公交优先技术增强公共交通的吸引力,促使出行者向可持续性高的交通方式转移。

集成化走廊管理的愿景是通过对主要走廊沿线现有基础设施进行集成化、主动的管理,实现人员和货物运输效能的显著提升。通过集成化走廊管理方法,将走廊作为多模式系统进行管理,并为了走廊的整体运行效果而做出协作性运营决策。

1.2 集成化走廊系统的建设意义

研究人员发现[2],大多数城市公共交通中都会建设若干条聚集很大交通量的交通走廊,通过占用较少的城市土地和交通资源(约20%),承担了较大的交通量(约80%)。因此,集成化走廊系统的建设对改善城市交通具有重要意义。

对于城市中这些承担了城市主要交通流量的交通走廊,其成功建设能够比较显著地实现交通改善目标,以线带面,大大促进城市交通网络中人员和货物的高效流动。

在走廊实际建设和管理方面,大部分城市主要依靠单一行政部门落实方案,例如城市建设部门仅负责道路设施、公交站台的建设和改造,交通运输部门负责公交线路及地点的调整,公交企业负责车队管理、计划排班及运力投放,交管部门负责信号配时、电子警察应用和安全管理。应对走廊内发生的众多突发事件或预先计划的事件时,这些机构只对与自己相关的部分做出反应,每个部门通常都会独立处理日常运行操作,而无须与其他部门沟通;随着拥堵的加剧和走廊内事件的增加,这种各自独立运作的方式在满足走廊内交通需求方面变得越来越低效,对此采取的改进措施一般是改善公交道路交通系统这样单一举措。实际上,交通改善工作是一项涉及众多主管部门和众多交通模式的复杂系统工程,改善单一交通系统的方式能够有一定的改善效果,但整体效率不高,走廊的优势没有体现出来。

经验证明,当今的城市交通走廊建设与运营,受规、建、管、用各方面因素影响,走廊内的每个机构必须在某种程度上进行协作或互动,通过对主要走廊沿线的现有基础设施进行集成、主动的管理,将交通工程、交通安全、公交运营、信号系统实施集成化管理,才能真正实现交通网络中人员和货物的高效流动。

1.3 集成化走廊管理与公共交通

1.3.1 集成化公交走廊管理及公共交通相关参与方

集成化公交走廊管理,是集中政府的投资和行政资源来提高公共交通效率的有效手段,在通用的走廊管理基础上,着重强调采用公交信号优先技术和智能交通系统技术,提升公交出行速度,减少候车时间,提高可靠性、舒适性和安全性。

公共交通是集成化走廊管理的最主要受益者。在集成化走廊管理中,涉及各种机构和团体之间的协调与协作,包括以超越机构界限的方式分配特定的运营职责和共享控制职能。明确公共交通相关机构,是确定集成化公交走廊管理功能需求的第一步。

公共交通包括由各种企业运营的、由公众共享的客运服务。集成化公交走廊可能包含多种类型的运输模式和各种形式的服务提供者,所有这些都应包括在初始规划讨论中。集成化公交走廊上可能存在的公共交通服务包括公交车、轨道交通、轮渡、出租车、共享汽车和班车等。

在走廊中存在的这些众多运输服务提供商,其利益有时候并不能完全保持一致,某些时候甚至是互有冲突的。在组织相关机构参与集成化走廊管理项目时,交通运输管理部门的支持非常重要,各个机构应该经常就技术问题和协调进行联系。

1.3.2 公共交通发展趋势

根据权威调查分析机构艾媒咨询报告,预测中国2020年城市公共交通出行量为235百万人次/d,2025年将达到273百万人次/d,估计2050年中国城市公共交通出行量将突破600百万人次/d,达到653百万人次/d。总的来说,未来中国城市公共交通出行量呈上升趋势。

由于缺乏财政资源,满足日益增长的公共交通需求对于公共交通部门可能是充满挑战的。票价收入通常不能覆盖公交企业的运营成本,其运营成本严重依赖政府补贴。这意味着许多公交企业都在勉强维持,减少了对新技术和升级的投资。

采用集成化走廊管理等举措的地区应寻求创新方法,以将公共交通或其他出行服务和模式纳入其创新。随着公交走廊的建设,政府为公共交通运营商提供了经创新、改造的交通基础设施,为公共交通运营商提供了良好的运行环境,有利于提高服务水平和降低运营成本。

将公共交通和其他出行服务整合到集成化走廊进行规划和实施,为公共交通运营商和用户带来了许多潜在的好处:

- 更全面地了解走廊运行

交通设施管理中的关键要素是有关当前状况和运行的实时信息。监视功能是集成化走廊管理的重要组成部分。集成化走廊管理与运输的集成可以增强各机构之间的数据和信息共享,从而提供更全面、完整的状态说明。

- 更有效的公交运营

对道路和公交服务条件的更多了解,可以使公共交通运营商更好地管理其资源。这可以包括针对临时事件的短期调整，也可以包括针对重复发生事件、最大限度地减少其影响的长期调整。无论是通过增强对当前状况的了解还是实施公交优先处理，集成化走廊管理与公交的整合都可以提高对可用公交资源的利用效率。

• 出行者得到更多信息

通过收集有关当前状况的更全面的数据（范围更广，包括各种出行选择）并以协同的方式传播此信息，出行者可以就出行的时间和方式做出更明智的选择，从而更有效地利用交通系统的服务。

• 公交乘客量增加

更高效的服务、更少的延误、更好的事件响应以及更多的有关出行选择的信息，可以使公共交通对潜在用户更具吸引力。乘车人数的增加会带来附加的效果，例如增加公交服务收入、减少交通拥堵、降低能源消耗和减少排放。

• 更加高效的走廊道路运营

通过与公交服务集成，获得更多信息，道路管理者将更好地了解当前状况并可以做出针对性反应。另外，由于可能增加公交和其他模式的非单人乘用车辆的出行，因此走廊中的车辆数目可能会减少，从而减少拥堵程度和道路网络的延误。

• 更有效的基础设施建设和改进

不同机构之间的协调计划，有助于发现改善管理的机会，可以在同一设计和建设中纳入多项改进措施，可以将所建设的基础设施（例如通信网络）服务于多重目的和机构，可以帮助消除冗余，最大限度地减少施工干扰，避免不同机构分别在同一设施上进行重复建设，节省成本。

• 加强对公共交通的资金支持

作为集成化走廊管理项目的一部分，可以实施许多直接改善出行者乘车体验的措施。通过参加集成化走廊管理项目，公交企业可以更有效地论证和提出技术措施，例如，证明公交车的卫星定位系统合理部署的必要性、将自动定位数据传输给集成化走廊管理系统、与交管部门合作、使用更先进的车辆感知和信号系统。

1.3.3　公交走廊综合管理策略

实施集成化走廊管理时可以考虑采用多种策略，将公共交通进一步整合到走廊运行管理中，通过优化，这些策略既可以改善公交运营，又可以改善走廊总体性能和用户体验[3]。

1.3.3.1 公交优先措施

将公交纳入集成化走廊管理的一种策略是公交优先权或优先措施，可以提高公交运营的效率，减少延误和拥堵，并提高整体机动性和用户满意度。在集成化走廊管理环境中，公交信号优先和专用公交车辆设施是最常见的公交优先措施。

1.3.3.2 公交信号优先

公交优先策略会调整交叉路口的信号配时，以更好地适应公交车辆。通常，接近交通信号灯的公交车将要求优先权。该信号优先请求直接从驶近路口的公交车传输到交通信号控制机，也可由集中式公交优先管理系统发起。收到请求后，交通信号控制机应用逻辑规则来决定是否向公交车提供优先。这些逻辑规则通常包括公交车是否落后于计划时刻表、上次授予公交车优先信号以来的时间长度、沿途交通信号的状态以及每天的各个时间段。在大多数情况下，信号优先形式是扩展现有的绿灯相位或者缩短其他相位以更早地启动公交车所需的下一个绿灯相位。

1.3.3.3 基于车路协同的交通信号优先

多模式智能交通信号系统是对传统公交信号优先的扩展，是一整套应用程序，可以实时监控和调整交通信号，以最大化交通流量或匹配特定用户组。应用程序基于多种因素将信号优先级授予公交车。公交车可以使用车载设备将其乘客计数数据、服务类型、计划的和实际的到达时间以及班次间距的信息传达给路边设备。尽管基于车路协同的交通信号优先尚未广泛部署，但随着智能网联汽车技术在市场中的渗透率不断提高，基于车路协同的交通信号优先可能会越来越受欢迎。

在简单的信号优先系统中，每个信号控制机都独立运行。它直接检测公交车的到达，并且不从任何外部源接收优先级请求。它决定是否提供优先级，而不参考任何外部系统或任何其他信号控制机的状态。在更复杂的系统中，中央优先级管理系统可以确定何时在各个交叉路口请求优先级，并采用包含交通信号系统反馈的更复杂的优先规则。这种类型的系统可能会集成到更大的集成化走廊管理系统中。

1.3.3.4 专用公交道路设施

交通优先处理的第二种常见形式为专用的公交道路设施，例如公交专用车道和高承载车辆（High-Occupancy Vehicle Lane，HOV）车道。由于其规模，此类设施通常作为独立项目实施,但是,作为集成化走廊管理项目的一部分,还可以实施许多其他较小规模的措施和策略。

如图1-1所示,公交车在混合交通车道环境行驶,可以在隔离的延迟点使用排队跳转车道。排队跳转车道可以采取仅为公交车开发的单独车道的形式,也可以允许公交车使用右转车道作为直通车道。如果在特殊阶段需要大幅度右转弯,则必须使用单独的车道。如果使用现有的右转车道,则排队跳转操作可能仅限于高峰时段。不论哪种情况,排队跳转车道的长度都应足够长,以允许公交车在大多数交叉路口绕过一般交通排队。

图1-1　深圳的HOV车道

1.3.3.5　共享的通信基础架构设施

现场设备和车辆之间的数据和信息传输对于有效监控和管理每个交通系统至关重要。对于道路,这可能包括从检测器和其他监视设备到中央操作中心的状态数据流,以及从操作中心到路侧电子屏和控制器的操作命令流。在公交方面,位置和状态信息从车辆流向操作中心,调度计划状态信息流向车站的电子屏。尽管已经采用众多无线系统,但通信网络通常仍涉及重要的有线基础设施,其中包括导管、线盒、电缆和终端设备。通常,各个机构实施自己的网络或基础架构,造成重复建设和资金浪费。由于大多数集成化走廊管理系统项目都涉及投资建设通信网络和基础架构,协调实施可以帮助公交企业降低总体成本。

1.3.3.6　走廊设施和公共交通信息共享

除了支持单个机构的决策外,信息共享还可以促进不同机构之间、公交企业之间以及机构与出行者之间的协调。掌握有关当前交通系统状况的全面信息还可以使各方管理人员获得一致、兼容的运营决策。

对交通设施和服务进行管理的关键要素是了解当前状况和操作。为此,道路管理人员经常部署监视设备,例如道路检测器和摄像机,以跟踪交通流量和速度。同样,公交调度员使用卫星定位系统和其他手段来监视其车辆的行驶和状态。但是,此信息通常不会在道路管理者和公交运输企业之间共享。

将公交集成到集成化走廊管理系统中,需要设计实施协议以实现系统相关信息和数据共享。集成化走廊管理项目开发过程还可以建立或加强机构间的沟通与协调。在发生重大事件的情况下,可能已经通过紧急行动中心在区域内进行了机构间协调;然而,这种机构间协同在实际应用中会受到限制。在集成化走廊管理方法下,可以通过系统间数据共享,消除这种机构间协同带来的限制。这使道路和公交管理者对系统状况有了更完整的了解,从而支持更明智、协调的运营与管理决策。

例如,公交系统数据不仅可以为道路管理人员提供有关交通状况的信息,而且还可以警告他们影响交通运营的、与公交有关的事件,例如阻碍行车道正常使用的公交车故障,该信息可以被用于调整道路管理和控制策略。从公交企业的角度来看,可以使用道路或交通数据在拥挤区域周围重新安排服务路线,或根据可能影响走廊的运输服务需求的事件做出其他服务调整。

1.3.3.7 公交行业信息共享与交流

除了改善公交与道路部门之间的沟通,集成化走廊管理还可以在拥有多个服务提供商的地区加强公交企业、公交行业主管部门和城市规划部门之间的协调。这可能包括共享有关交通系统状态和运营延迟的信息以缩短换乘时间,或者通过共享数据虚拟运营各种公交运输资产或调度中心。

出行即服务(Mobility as a Service,MaaS)通过多种交通方式的一站式服务改善公共出行体验,使出行者可以在不同交通模式和提供者之间进行无缝转换。在拥有多个公交企业、其他运营商、多交通模式的地区,这将使用户可以轻松地在不同服务之间转换,IC卡系统和智能手机应用程序亦可用于多模式联程出行计划和支付。

近年来,各地交通运输部门新设置的交通运行监测调度中心可以在集成化走廊管理和多模式协同服务中起到有效的作用。该中心将所有各方联系在一起并使用经过验证的智能交通技术,提供MaaS门到门服务所需的车队管理、调度和路径安排、综合联程票价支付和管理系统、更好的出行者信息和行程计划系统、先进的地理信息系统和需求响应系统。

通过交通运行监测协同指挥中心提供的多模式交通服务数据共享和交换,各运营商可以更有效地安排行程,并更好地将运营车辆与行程请求进行匹配。

1.3.3.8 使用公交车作为浮动车

有关当前状况和运营的实时信息是交通管理中的关键要素。公交车配备的调度终端定位系统，可以与道路管理人员共享速度和行程时间信息。很少或没有停车站的客运班车或大站快线公交车较为合适作为浮动车，它们的行驶速度或时间通常可以反映出道路上其他车辆的状态。对于普通公交车，在计算行程时间时，则需要后处理程序识别并考虑其在公交车站的停靠时间。集成化走廊管理可以设置监视程序来识别行驶速度或行程时间是否超出可接受的阈值范围，或者是否在并非车站的位置出现过大的延迟。

公交车驾驶员也可以作为走廊的另一监控来源，这将是对视频监视系统的补充。驾驶员可以通过调度员或直接向相关的道路管理人员报告事故。其更有价值之处是驾驶员可以从现场提供详细信息。大多数公交企业可能不愿意增加其驾驶员的责任，因此这可能仅适用于重大事件的报告。

另一个信息来源则是公交车传感器，通过远程信息处理，调查道路的物理状况和交通运行情况。例如，垂直加速度计的记录可用于识别坑洞的位置，车辆制动记录可用于描述常见的道路通行瓶颈及拥堵的蔓延。

1.4　美国集成化走廊的试验与示范

美国交通部于2006年启动了ICMS研究计划。最初，选择了8个先行地点进行其区域走廊上ICMS的概念设计和系统需求分析。在其中的3个地点继续进行ICMS响应策略的分析、建模和模拟。在最后阶段，选择了2个地点（位于得克萨斯达拉斯的US-75走廊和位于加利福尼亚圣地亚哥的15号州际公路I-15走廊）来设计、部署和示范ICMS系统。这些ICMS示范项目的评估于2017年完成。对所有实施ICMS的地点进行了调查，以了解他们在规划、开发和部署ICMS时的主要关切和发现。此外，美国交通部为另外13个计划部署的地点提供了种子资金，以进一步促进ICMS在全国的实施。此外，美国交通部正在根据ICMS计划的结果提供指导和知识转移，以协助机构实施主流ICMS并创建支持性分析工具、方法和技术标准。

每个示范项目都有两个阶段：设计和部署以及运营和维护。US-75走廊和I-15走廊都选择开发决策支持系统作为技术工具，尽管每个地点的决策支持系统方法略有不同，但基本原理相似。决策支持系统从网络中的一系列智能交通系统收集交通数据，并使用此信息来预测走廊的未来状况。如果发生事件（重复发生事件或临时发生事件），且监测达到了事先设立的拥堵阈值，则决策支持系统会生成响应方案。这些方案包含多模式策略的组合，以解决特定的拥堵情况。响应方案基于详细的业务规则，确定了可使用资产的条件，该条件可能根据事件的严重程度、一天中的不同时段、网络上的拥堵程度以及策略限制而有所不同。决策支持系统通过运行模拟来确定响应方案并对其进行排序，以确定哪个响应方案将最有效地解决拥堵问题，提醒运营机构接受或拒绝该方案。如果接受，该方案将得到执行。

美国交通部正在进行独立的实施前后分析，以评估 ICMS 对交通运行态势感知、响应和控制以及走廊总体性能的提升。从示范项目获得的经验和经验正在与业界积极分享，以便对 ICMS 感兴趣的地区可以利用所获得的知识更好地部署走廊。

美国联邦公路管理局于 2019 年 7 月发布了《综合走廊管理计划：主要成就、关键发现和展望》报告[3]。报告中重点介绍了两个 ICM 示范项目，即加利福尼亚圣地亚哥的 I-15 走廊和得克萨斯达拉斯的 US 75 走廊，两者均于 2013 年左右开始实施。在这两个项目中发现，通过 ICM 流程带来的改善机构间合作与协调取得了巨大的成功。圣地亚哥和达拉斯在强大的体制、技术和运行操作整合平台的基础上，建立了强大的跨领域合作伙伴关系，从而在各自走廊的管理中实现了根本的管理范式转变。

从 2015 年获得实施前期拨款的十三个 ICM 项目所在地获得了更多的项目实施经验。ICM 计划的其他一些重要成果表明了该计划的成功，表明 ICM 概念已被越来越多的人接受。尽管 ICM 在美国全国的部署还远远没有完成，但部署 ICM 的需求已经确立，并被全美许多地区的交通管理人员所接受，不少地方已经将 ICM 纳入交通系统管理和运行操作规划。

1.4.1 达拉斯 ICM 项目简介

达拉斯-沃思堡地区 US-75 走廊（图 1-2）长 28 英里❶，被选为达拉斯的 ICM 示范点。达拉斯-沃思堡地区在美国最拥挤的地区中排名第 11，居民数量预计每 8 年增长 100 万人。

US 75 走廊的服务包括：

①快速路、公交车路线、轻轨线和干道，提供通向达拉斯市区的通勤交通。

②大量的反向通勤者前往城市北部的商业和零售区。

③非高峰时段的区域流量。

④进入俄克拉荷马州的州际交通，因为快速路是 45 号州际公路的延续。

US-75 走廊也是一个主要的疏散路线，在 2005 年的丽塔飓风疏散期间承载了可观的交通量。在达拉斯，由于无力扩张快速路或干线道路，出于减少由于交通拥堵引起的延误

❶ 1 英里 = 1609m。

和缩短出行时间,产生了减少拥堵的需求。

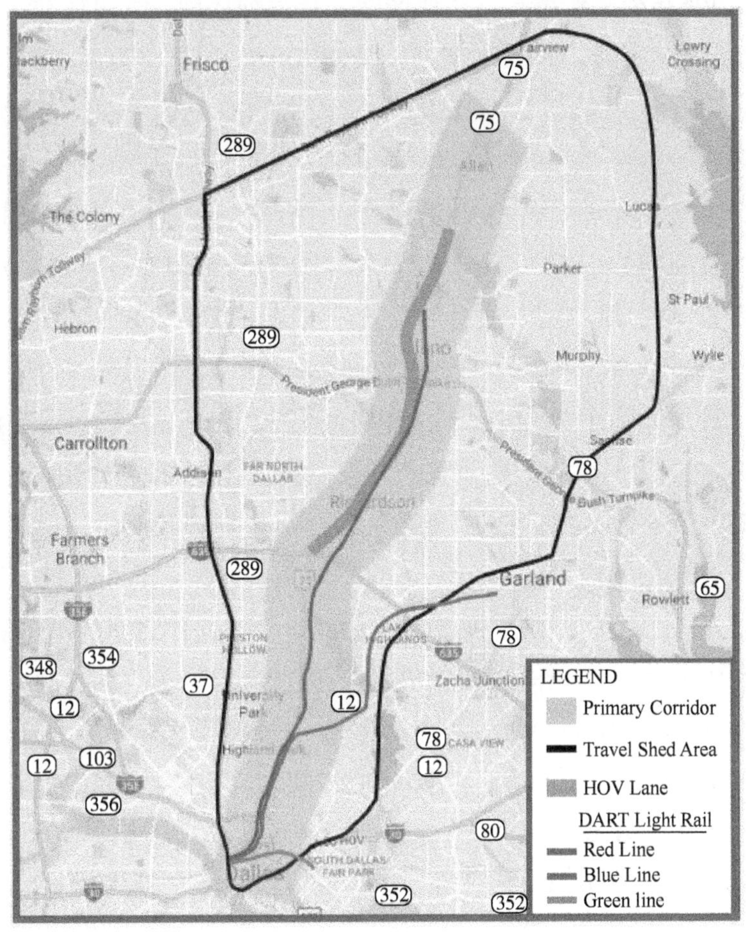

图 1-2　US-75 走廊

US-75 走廊区域的以下特征使其成为 ICM 测试平台的合适场景:一条八车道快速路,连续的临街道路,并发流动的高承载车辆车道,P+R(Park and Ride,换乘停车场)停车场,轻轨线,公交服务,高速公路,约两英里的主要区域干线道路,收费道路,自行车道和智能交通系统。将交通流量转移到未充分利用的临街道路的交通网络实施策略为干线道路或公交提供了机会。

达拉斯 ICM 团队提出了由决策支持、数据管理和用户界面功能三个主要组件构成的 ICMS,这些组件与最初设想的组件有所不同。达拉斯 ICM 项目的主导人从达拉斯地区快速公交(DART)变更为得克萨斯州交通部门(TxDOT),原因是该项目的重点是美国 75 号公路。最初的 SmartNet 数据管理系统已被称为 EcoTraffic 的下一代产品取代,并且现在仍然在运行。数据通过 511 系统在交通网络运行管理者之间共享。最初,走廊数据是从

7 个机构收集的,但是现在已经扩展到 30 多个代理机构。实时 ICM 数据不再仅限于 US-75 走廊子网,并且正在积极地用于支持地区的运行管理活动。达拉斯在 2017 年获得了美国交通部高级交通和拥堵管理技术部署(ATCMTD)拨款,这将有助于提高对 DART 乘车共享服务的访问效率,从而提升对 DART 站台服务能力,并帮助进一步增强 ICM 的模式转换功能。

尽管自动决策支持系统(DSS)不再正式运行,但许多 DSS 计划要素仍用于响应事件。在为期一年的 ICM 系统测试期内,网络运行管理者迅速了解到 DSS 将根据哪些交通流量条件建议实施哪些预案(即"触发"预案)。一旦他们了解了 DSS 可能会建议的预案,他们就认为继续对数据模型进行较小的增量更改和操作 DSS 并不划算。目前,ICMS 协调者角色在最需要的时候以临时方式出现。当前的系统与 ICMS 最初的设想有所不同,这些变化需要一个更容易、更经济有效的系统来支持走廊。达拉斯 ICM 团队已经证明,即使是缩减规模的 ICM DSS 版本,如果由有能力的网络运行管理者使用,也可以有效地管理走廊。

达拉斯试验走廊的相关机构认为,改善交通网络合作伙伴之间的协作是达拉斯 ICM 项目最有价值的成果之一。合作伙伴们对彼此的运行需求有了更深入的了解,他们学会了新的运作策略,可以更好地缓解走廊的拥堵。运行数据的捕获和共享为网络运行管理者打开了缓解拥堵的新大门。即使达拉斯的相关机构并未按原计划维护或增强该系统,网络运行管理者仍认为 ICMS 提高了公交走廊的整体运行效率。一些运行管理者报告说,他们仍然希望与专门的 ICM 协调工作人员一起使用 DSS。但是,目前没有设置全职岗位的资金。

达拉斯 ICM 团队最初设想的策略包括:

①决策支持系统。

②可行的出行者信息,包括交互式语音响应(IVR)、网站、电子邮件提醒、可对比的出行时间。

③路由流量,协调配时和自适应信号控制。

④模式转换,包括停车管理和实时服务调整。

1.4.2 圣地亚哥 ICM 项目简介

I-15 走廊是 8 到 10 车道的快速路,为加利福尼亚州圣地亚哥市和东北地区的目的地之间提供了重要的多模式交通服务。它是圣地亚哥三个主要的南北交通走廊之一,也是圣地亚哥的主要南北高速公路,为当地、区域和区域间出行提供服务。该走廊是一条使用频繁的区域通勤路线，将社区与主要的区域就业中心相连。它位于主要的跨地区货物交通走廊内，连接墨西哥、加利福尼亚州和内华达州的拉斯维加斯。

走廊研究范围如图1-3所示，由快速路组成，包括受管控的/高承载量收费车道、通用车道、临街道路、快速公交、P+R停车场以及区域性干道。I-15公路包括两条中间车道，覆盖南部SR 163和北部Ted William Pkwy（SR 56）之间沿着I-15行驶8英里范围。这些中间车道是可逆的HOV车道，早高峰时段在南行方向运行，晚高峰时段在北行方向运行。允许单人车辆缴纳一定的费用利用HOV车道行驶。

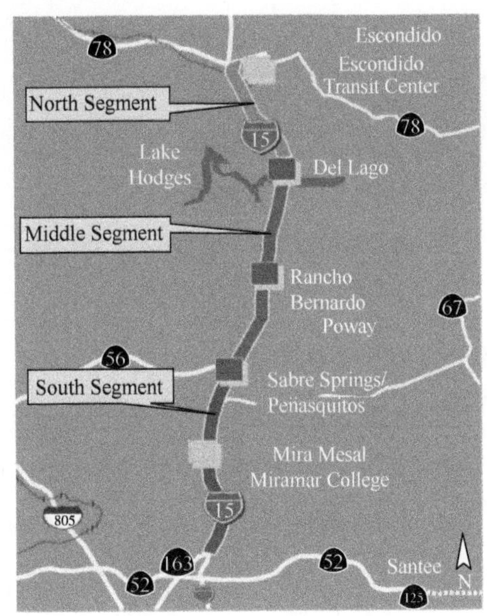

图1-3 I-15走廊

目前，I-15通用车道上的平日交通量为170000~290000辆，在工作日，约有20000辆汽车使用I-15快速车道。对走廊条件的分析表明，沿该线性走廊的典型平日需求量很高，这主要是由于高速公路替代路径数量有限。对这条走廊的历史数据进行的分析表明，在日通行量很大的情况下，一年中有10%的日子发生了重大事件。

I-15 ICM计划的目标是：

①增加走廊吞吐量。

②提高出行时间可靠性。

③改善事件管理。

④进行多模式交通出行决策。

相关机构定义了绩效指标，以支持在移动出行、通行时间可靠性以及排放和燃料消耗方面的分析。

圣地亚哥ICM团队最初设想的策略包括：

①自动化决策支持系统DSS。

②出行者信息：511系统（电话和网站）、可比的出行时间。

③受管控车道。

④路由流量：协调的配时和响应式信号操作、协调的匝道流量控制和交通信号、改道的指路标志。

⑤模式转换：快速公交、公交信号优先、实时交通信息。

圣地亚哥实施并且仍在使用DSS的高级配置方案,可以实现自动响应,包括匝道流量控制和干线道路信号系统定时变化。圣地亚哥的相关机构制定了用于管理响应方案的业务规则和参数。DSS业务规则性能阈值可以触发响应方案的生成和评估,该阈值可以调整并考虑容量损失,并感知到速度降到低于阈值。该系统还设计了手动启动响应方案的过程。DSS系统借助流量模拟工具预测建议的响应方案的影响,并选择满足系统激活和实施阈值的最佳响应方案。

圣地亚哥ICM团队发现,随着触发响应方案次数的增加,系统的收益/成本比也会增加。但是,走廊运行的最终目的是通过保持交通顺畅来保持低触发率。ICMS为网络运行管理者提供了新的工具,用于隔离走廊故障点并解决这些位置发生的与拥堵相关的问题,以最大限度地减少事件的发生,这会使触发次数降低。圣地亚哥ICM团队发现ICM是有价值的缓解工具,其最大价值可能是提高了管理低发生率但是影响较大的事件的能力。

圣地亚哥还发现,机构间合作得到了加强,这对于改善走廊运作至关重要。在ICM项目实施之前还没有这种类型的合作。对于圣地亚哥而言,ICM带来了交通管理范式的根本变化,它使人们对走廊及其操作有了更详细的了解。

1.4.3 对两个ICM示范项目进行独立评估的主要发现

达拉斯US-75和圣地亚哥I-15项目是美国同类项目中的首创,需要在实施之前进行初始研究和开发。两地具有不同的特征,并使用了不同的分析模型和方法。在这两个ICM项目开展的同时,美国还有其他几个区域正在实施改进项目,包括基础设施容量扩展项目。可以预期,这将会产生更广泛的影响,改变了部署ICM之前和之后走廊运行操作的形态。最初,在评估期间,仅少数事件需要激活ICM响应。如果缺乏足够的激活响应事件,则无法对ICM的作用进行完全、客观的经验评估。因此,评估结果与建模仿真分析(Analysis Modeling and Simulation,AMS)结果和其他信息来源相辅相成。圣地亚哥和达拉斯使用的AMS建模工具互不相同。达拉斯ICMS使用DIRECT中观建模工具,而圣地亚哥ICMS使用Aimsun微观建模工具。AMS团队使用这两个工具分别在两个地点进行分析,这些结果又被独立评估人员用于机动性和收益成本分析。主要发现如下:

①机构间合作与协调取得了巨大成功。圣地亚哥和达拉斯通过建立强大的跨领域合作伙伴关系,在强大的机构、技术和运行操作整合平台的基础上,建立了强大的跨领域合作伙伴关系,从而在各自走廊的管理中实现了根本的范式转变。牵头圣地亚哥ICM的圣地亚哥政府联合体(SANDAG)继续与地区利益相关方合作,以审视并继续改善ICM的绩效。达拉斯将继续扩大覆盖范围,并改善其区域数据交换以进行信息共享。圣地亚哥政

府在圣地亚哥政府联合体的领导下采取了更加雄心勃勃的方法,并愿意尝试新事物;最初由 DART、后来由 TxDOT 领导的达拉斯采用了更为保守的方法来将新概念用于实时流量管理。最后,这两种方法都是有效的,并且两个团队都为 ICM 的发展做出了巨大贡献。

②运行管理者报告说对走廊运行的情境意识有所提高,尽管仍有改善的空间。通过区域数据共享,人们对走廊拥堵和事件的总体认识能力大大提高。与实施 ICM 之前相比,两地的事件报告机制都得到了显著改善。但是,在达拉斯,项目负责机构指出,由于设备和系统过时,干线道路数据准确性存在误差,走廊速度数据与实际现场情况并非完全一致。两地的运行管理者都认为可以更及时和一致地共享施工和维护信息。

③改进了针对突发事件和交通拥堵的出行者信息。在这两个地点,实施 ICM 之后发布的动态消息屏和出行时间消息的数量都大大增加,同时出行者获得相关通知的体验也得到了改善。

④事实证明,两地的 DSS 对于提高状态感知、决策和响应能力都是有价值的。DSS 可以对拥堵事件进行全面的评估,并建议选择正确的行动方案。DSS 根据复杂的性能监控和关键性能指标确定适当的策略和响应措施。DSS 会检测到走廊出现的异常并通过适当的策略和响应措施使其恢复正常状态。此外,DSS 监视走廊设备的可用性,为相关机构提供优化的响应方案建议,并评估所建议的响应方案将产生的影响。两地的 DSS 通过各自的数据融合系统和响应方案,帮助更好地了解交通系统的状况,从而有助于提供更好的出行者信息。圣地亚哥的 DSS 提供了跨领域边界的自动响应实施方案,包括匝道流量控制和干线道路信号系统定时更改。圣地亚哥的 DSS 借助流量模拟工具预测建议的响应方案的影响,并选择满足系统激活和实施阈值的最佳响应方案。达拉斯的 DSS 最初提供的功能与圣地亚哥的 DSS 类似,但其响应方案的实施需要得到 ICMS 协调人员和当地机构代表的确认。达拉斯的相关机构保留了拒绝 DSS 建议的响应方案(例如,信号时间变更)的权力。这种情况很少发生,但是实际上,人们可能永远不会知道拒绝一项或多项 DSS 建议的响应方案是否会影响单个事件的持续时间和强度。经过一年的运行操作,达拉斯的相关机构认为他们已经了解了在特定交通状况下可以推荐哪些计划,并且选择中止 DSS 的运行,部分原因是维护 DSS 数据模型的成本较高;并且认为如果没有用于维护数据模型的资金,则手动决策支持是一种可行的选择。应当指出,达拉斯最初确实打算在操作人员获得信任并对 DSS 响应方案建议感到满意后,最终使用自动化响应方案。实时流量建模在实施响应方案方面造成了一些延迟。达拉斯之所以使用中观模型,部分原因是系统需要有一个覆盖很大出行范围的模型,模型中包括一个大干线道路网络。网络和车辆的分辨率水平很重要,因为网络越大,模型执行时间就越长。

⑤在项目结束后进行的出行者调查表明，在出行信息意识、利用率、行为反应和总体满意度方面，大多数结果都是积极的。圣地亚哥和达拉斯的出行者报告说，实施 ICM 之后，人们对在何处查找出行者信息有了更多的了解，并且出行者信息的利用率更高。圣地亚哥的出行者没有表达根据出行信息而改变行为的倾向，而达拉斯的出行者则有这种倾向。尽管有一些例外情况，但总体而言，出行者对 ICM 来源的出行信息表示总体满意。对于大多数人来说，凭经验很难理解，虽然 ICM 对于事件的处置成功，将一个显著的延迟（例如，由于严重碰撞影响而导致的一小时的延迟等）降低了一半，出行者只滞留了半小时，但是因为出行者一直停在车流中，出行者并没有遇到降低前的糟糕情况，因此，他们仍然“对交通不满”。

⑥项目示范了替代路线的转移，但未按预期发生公交方式转移。总体而言，替代性的车辆路线转移是成功的，但未发现事故发生后的运输方式转换（从其他方式转换为公交方式）。缺乏运输方式转换的原因是轨道车辆和车班间隔存在固有的限制，并且运行管理者没有立即可用的多余运力。与公路部门或公共工程部门进行绕行、信号和改道这些的调整能力相比，区域政策限制了公交伙伴的灵活性和对特殊事件立即做出反应的能力。出行者行为的惯性也可能阻止了运输方式转换，尤其是当那些通常开车的人不熟悉公交、担心停车或不想离开自己的车辆。

⑦在 ICM 激活期间，走廊的移动性能得到了改善。在圣地亚哥，ICM 激活期间，通行时间有所减少，高峰时段节省了 250～1300 人・h。圣地亚哥的出行时间可靠性也有提高，每天南行早高峰时段激活时平均减少了 368h，而每次北行晚高峰时段激活时减少了 569h。在达拉斯，出行时间略有缩短，高峰时段的节省从 6h 到 262h 不等；对于北向晚高峰时段，出行时间可靠性平均提高了 109h（南行方向出行时间可靠性没有提高）。

⑧对于评估人员而言，捕获和验证实际的移动性能改进被证明是非常困难的。迁移性分析主要是由部署后建模和模拟活动的结果驱动的，因为缺乏足够的 ICM 部署前后的可比事件，因此放弃使用现场数据进行事后分析。结果取决于走廊现有的饱和度。两地使用两个不同的模型进行模拟分析，并且模型的校准和验证会对结果产生重大影响。

⑨两个示范项目对安全和空气质量的影响是中性的，这与 ICM 改善机动性的主要目标一致。

总之，达拉斯和圣地亚哥两地示范的总体结果有所不同。ICMS 的最初愿景是全自动软件和硬件系统，可以对缓解走廊网络中的拥堵事件所需的实时操作做出自动决策。这些决策将以实时网络数据为指导，并纳入 DSS 的数据模型进行分析，以进行走廊网络管理。

圣地亚哥的示范实现了大部分自动化的 DSS,它基于相关机构设定的业务规则,可以生成、评估、推荐和实施确定的响应方案集,而无须进行任何手动干预。这与实施 ICM 的最初愿景是一致的。该系统运行良好,尽管需要进行很长时间的调整才能找到正确的系统激活阈值。从这种意义上讲,人为干预的形式包括建立响应方案参数、决策规则和策略等。

达拉斯 ICM 示范与最初的设想有所不同,它需要人工确认才能实施 DSS 建议的响应策略。达拉斯 DSS 是部分自动化的,它具有分析、评估和推荐有限的预先批准的响应方案的能力。与圣地亚哥 DSS 的不同之处在于,达拉斯 DSS 要求人工批准并实施建议的响应方案。达拉斯目前使用人工决策支持。达拉斯证明了人工介入解决方案是可行的选择。如果以这种方式实施 ICMS,需要对操作人员进行指导、培训和支持,使其承担 ICM 职责。

从圣地亚哥和达拉斯的 DSS 经验中得出的主要结论是,没有一种放之四海皆准的 DSS。每个走廊和用户都具有自己独特的需求,并且需要在选择 DSS 操作模型时考虑自动化与人为干预之间的优缺点。许多 ICM 部署计划授权地点最初都将重点放在以人为中心的方法上。

第 2 章　公交走廊交通规划

2.1　公交走廊的建设目标与预期效果

公交走廊的建设目标是通过对走廊中各种交通方式的出行状况进行分析，研究可行的公交优先措施，同时兼顾其他交通使用者，以人为本，提高走廊的人员移动效率，优化走廊的整体运行管控，提供快捷、可靠、方便、安全和舒适的公交服务，改善公共交通使用者出行体验，提高公交走廊对周边区域人员的吸引力，加大走廊的客流吞吐，积极促使私人小汽车使用者向选择公共交通和非机动交通出行转换。

公交走廊的规划目标为：

①快捷性：在走廊中行驶通畅，以接近小汽车的速度提供服务。

②方便性：提供良好衔接，提高站点的覆盖率和可存取性。

③安全性：提供方便的行人过街设施，保障站台对行人和车辆的服务及其安全。

④舒适性：提供良好的最后一公里环境和舒适的候车环境。

⑤可靠性：能保障较高的行车时刻表契合度或者稳定而较小的班次间隔。

⑥直达性：尽量少换乘；如果换乘，应实现“零距离”和“零时间”换乘。

⑦高效性：对周边出行具有较强的吸引力，大容量集散客流，为公交高效率运营提供环境条件。

以下可以作为大中城市快速公交走廊设施和运营指标的参考：

①提供运送速度大于 25km/h 的快速公交服务。

②建设初期提供单向客流最大区间对应的断面客流量 5000 人次/h 左右的公交运送能力，后期可以实现 2 万人次/h 以上的能力。

③公交走廊公交车流饱和度控制在 0.30~0.60。

④快速干线公交线路高峰行车间隔在 3min 左右，平峰行车间隔在 10min 左右。

⑤快速主干公交出行总时间不大于 40min，在车站等车和换乘时间不大于出行总时间的 20%。

⑥快速公交车站站台的设计标准主要依据乘客拥挤度和车辆平均停靠时间，车辆在

站台停靠时间不超过 40s。

⑦线路运营的行车间隔与计划排班间隔的吻合率不低于 90%。

⑧车辆的满载率最大值宜为车辆标准满载率的 80%。

⑨在路口双向排队等待的公交车辆，总计不超过 6 辆，确保滞后于计划班次间隔达到 5min 以上的公交车辆得到优先信号。

2.2　公交走廊规划

2.2.1　公交走廊规划原则

公交走廊规划原则为：

①设定走廊整体规模。一个城市公交走廊线网的总体规模应当与城市发展规模、城市交通需求、居民出行特征、城市未来交通发展战略与政策等诸多因素相匹配，否则无法保证线网运营的整体效益。城市发展规模又包含城市人口规模、城市土地利用规模、城市经济发展水平、城市基础设施规模四个方面。

②与客流集中的状态相适应，客流需求预测也是确定公交走廊线网发展的重要依据。有效保障走廊沿线有较高的出行强度，客观满足城市客运需求，弥补轨道交通建设的不足，与轨道交通协同共建多元化大中容量公交系统。

③公交走廊服务与城市发展规划、空间结构和城市客运交通需求相配合，与道路格局及土地利用形态相适应，与城市开发趋势相吻合，引导城市发展。

④建立公交换乘站点、枢纽，加强各层次之间衔接，集聚客流，便于提高服务水平，带动发展。

⑤改变常规的公共交通网络结构单一、层次不清、干线和支线功能定位不明确、不能满足不同层次交通需求的情况。以走廊和快速大站公交为骨干，以微循环公交为分支，整合公交资源，发挥整体系统功能，使快速公交在功能上与常规公交相互衔接，协同服务，形成不同层次、运量和服务等级的地面公交系统体系，向公共交通系统服务一体化方向发展。

⑥与城市道路资源相协调，优先使用路权，优先通过交叉路口，有利于快速公交车行驶。

公交走廊规划的关键是设置公交专用车道，以短期内牺牲其他车辆的通行权利为前提，分配道路空间资源，实现公交优先通行，因此在设置时必须遵循公平性原则、效益性原则和可行性原则。

①公平性原则。公交专用车道运送的乘客数不应小于一条机动车道达到饱和时能运送的旅客人数。考虑道路实际饱和度一般小于1,并且道路上各种车辆混合行驶并混有货运车辆,一条道路上公交车客流量大于该道路平均每车道的客流量就可以设置公交专用车道。

②效益性原则。即设置公交专用车道后要有正效益。如果道路饱和度较低、运行状况良好、公交车速较高,设置公交专用车道后并不能明显提高公交车运行速度和质量,则不需设置公交专用车道。如果道路饱和度较高,其他车辆对公交车干扰严重,导致公交车车速过低,则应设置公交专用车道,保证公交车辆基本的运行速度。但要从公交专用车道及其他车道的整体效益角度,考虑专用道上公交车的数量和客运量,避免道路资源的浪费。

③可行性原则。公交专用车道的设置还要满足基本的道路设施条件,包括机动车道数、非机动车道的形式、车道隔离方式、停靠站形式与位置、路段两端交叉口的状况、路段两侧开口数等。

2.2.2 公交走廊选取

公交走廊应根据城市空间与功能布局、城市综合交通发展、居民出行状况等确定。选定的公交走廊应包括在城市公共交通网络中发挥连接和相互转换作用的重要部分,其整体目标是选择客流强度较大、占用乘客出行总体时间较长、影响公交线路较多的瓶颈或关键路径,能够发挥20/80效应和杠杆作用,改善公交出行者的出行体验,提高公共交通的服务水平和吸引力,积极促使私人小汽车使用者向公共交通出行转换。

在多条公交走廊中,可参考城市道路的现状等级、现有车道数、红线宽度、断面形式等指标,结合路段现状和未来的公交客运量、运行的公交线路和车辆数目、公交运行速度、走廊内交通总量、走廊内重要出行节点或区域、走廊内交通事故记录和实施的潜在效益等指标挑选适合建设的走廊。

在选择公交走廊的主干线时应遵循以下原则:

①提出干线快速公交合理的功能定位、发展规模以及空间布局。

②与客流的分布相适应,选取客流聚集度较高的主要走廊,确保系统沿线有较高的客流需求强度,保证系统能有效地发挥作用。

③选取双向4车道或以上的路段,道路较好,直线线形顺畅,有利于公交车快速行驶。

④尽可能选择高客流强度的道路,适当选择中等客流强度的道路。

⑤选取途径公交车线路数量多的路段。

另外,需要考虑当前公交出行需求的不同迫切程度、有效构建整体公交网络、适度支撑城市空间拓展等方面的因素。

在多条交通走廊之中,规划人员可以依据交通调查指标挑选适合进行一体化管理的走廊。这些指标可以反映相关交通走廊所存在的交通问题,以及建设走廊后所能带来的潜在效益。这些指标包括:

①公交车数量,公交车载客量,走廊长度,线路行程总长度。

②公交车行驶速度,运送速度,早、晚高峰的速度。

③在走廊内的行驶时间,从出发地到目的地的行驶时间。

④公交车的行驶速度与私人小汽车的行驶速度。

⑤走廊中交叉路口各方向公交车、机动车、非机动车交通流量。

⑥路口延误,社会车辆的延误,公交车辆的延误,路口排队长度。

⑦公交站台延误,进站耗时、停靠耗时和出站耗时。

⑧附近交通出行产生与吸引区域,各站点上下车人数。

⑨各种交通事故的记录。

2.3 交通调查

交通调查是为了解公交走廊内公共交通供给与交通需求的状况,从而找到公交系统的问题所在,为规划公交走廊时的方案提出、方案评估、效果评价以及运营公交走廊时开行方案、调度方案的制定提供数据基础。交通调查对于公交走廊的设计与实施具有重要指导意义,已经有学者对此问题进行过深入研究[4-5]。

2.3.1 居民出行起讫点调查

2.3.1.1 调查目的

起讫点(Origin-Destination,OD)调查主要包括居民出行 OD 调查、机动车出行 OD 调查和货流 OD 调查三大内容。居民出行 OD 调查的目的是获取居民出行的时间、空间、方式、目的分布等特征数据,对居民出行与年龄结构、职业结构、城市社会经济与土地利用发展的相互关系进行综合分析,确定居民交通需求,为城市交通政策和交通规划方案的制定提供支撑,为交通预测模型的建立提供技术积累和主要数据支撑。

2.3.1.2 调查内容和方法

居民出行OD调查包括居民出行特征和出行意愿调查,调查内容包括城市居民家庭的基本资料(如家庭人口、交通工具拥有等情况)、城市居民的基本资料(如年龄、性别、职业、收入、居住地等情况)、城市居民每次出行的资料(如起点、终点、出行时间、出行距离、出行方式选择等)、城市居民的出行意愿资料(如:使用各种交通工具的烦恼、步行的烦恼、交通政策意愿等)。居民出行OD调查主要采用家访调查法,即对居住在调查区域内的住户进行随机抽样上门调查,由调查员现场了解该住户的全部成员一天出行情况。家访调查内容比较可靠,表格回收率高。在工作中辅以大量的宣传,特别是依靠城市街道、社区各级组织,可以获得事半功倍的效果。

居民出行特征和出行意愿调查的抽样率一般取城市现状人口总数的1%~5%,国内外一般推荐的抽样率见表2-1。如果以前该城市没有开展过同类调查,建议第一次调查采用较高的抽样率。如果有历史调查资料,可以采取较低的抽样率。

居民出行特征和出行意愿调查的户数抽样率推荐值 表2-1

调查区现状人口(万人)	最小抽样率(%)	推荐抽样率(%)	
		美国	一般
<5	10	20.0	20.0
5~15	5	12.5	12.5
15~30	3	10.0	10.0
30~50	2	6.6	6.6
50~100	1	4.0	5.0
>100	1	4.0	4.0

居民出行调查的成果,通常用矩形OD表格(表2-2)表示。

矩形OD表 表2-2

讫点(j) 起点(i)	1	2	3	…	n	$P_i=\sum_j t_{ij}$
1	t_{11}	t_{12}	t_{13}	…	t_{1n}	P_1
2	t_{21}	t_{22}	t_{23}	…	t_{2n}	P_2
3	t_{31}	t_{32}	t_{33}	…	t_{3n}	P_3

续上表

讫点(j) 起点(i)	1	2	3	…	n	$P_i=\sum_j t_{ij}$
…	…	…	…	…	…	…
n	t_{n1}	t_{n2}	t_{n3}	…	t_{nn}	P_n
$A_j=\sum_i t_{ij}$	A_1	A_2	A_3	…	A_n	$T=\sum P_i=\sum A_j$

2.3.2　交通量调查

2.3.2.1　调查目的

交通量调查的主要目的是了解现状城市道路网的交通分布情况及变化规律，为评估道路使用情况、优化道路几何设计和信号控制方案以及评价道路设施建设和交通管理措施实施后的效果提供依据。

2.3.2.2　调查内容和方法

交通量调查包括对机动车、非机动车等各类交通的流量、流向调查。一般选择调查范围内的典型路段、交叉口同时进行观测。调查内容包括路段机动车交通量调查、路段非机动车交通量调查、交叉口机动车交通量调查、交叉口非机动车交通量调查，调查表分别见表2-3～表2-6。

路段机动车交通量调查表　　表2-3

路段名称：　　调查方向：　　调查员：

调查日期：　　调查时段：　:00 至　:00　　天　气：

时段(min)	摩托车	小客车			中客	大客	公交	小货	中货	大货
		出租车	私家车	其他						
0～15										
15～30										
30～45										
45～60										

路段非机动车交通量调查表 表 2-4

路段名称： 调查方向： 调查员：

调查日期： 调查时段： :00 至 :00 天 气：

时段(min)	自行车	助力车	其他
0~15			
15~30			
30~45			
45~60			

交叉口机动车交通量调查表 表 2-5

交叉口名称： 路与 路进口 调查方向：左转□ 直行□ 右转□

调查员： 调查日期： 调查时段： :00 至 :00 天 气：

时段(min)	摩托车	小客车			中客	大客	公交	小货	中货	大货
		出租车	私家车	其他						
0~15										
15~30										
30~45										
45~60										

交叉口非机动车交通量调查表 表 2-6

交叉口名称： 路与 路进口 调查方向：左转□ 直行□ 右转□

调查员： 调查日期： 调查时段： :00 至 :00 天 气：

时段(min)	自行车	助力车	其他
0~15			
15~30			
30~45			
45~60			

路段和交叉口的机动车流量调查，一般以 15min 为一个时段，分车型、分方向统计流量。根据需求，统计时段也可缩短为 5min，车型的划分也可灵活调整。

2.3.3 公交调查

2.3.3.1 调查目的

公交调查的目的是了解公交设施现状和客运需求情况，掌握公交服务的状况和水平，进而确定公交线网上乘客的分布规律，确定各公交线路的乘客平均乘距及乘客平均乘行时间，确定公交车辆的满载率，用于建立公交出行量与车流量之间换算关系。

2.3.3.2 调查内容和方法

公交调查主要包括公交运营指标调查、公交线网及线路调查、公交站点设施调查、公交运营特征调查等。公交运营指标调查主要调查公交线路条数、线路长度、年客运量、运营车数、年运营里程、运营单位成本和利润等指标，调查内容见表2-7。

公交运营指标调查表 表2-7

年份	线路条数（条）	线路长度（km）	年客运量（万人次）	运营车数				年运营里程（万车·km）	运营单位成本[元/（千车·km）]	利润（万元）
				单机	铰接	双层	中巴			

公交线网及线路调查主要调查各条公交线路的起讫点、站点、具体走向、配车数、发车频率和线路长度等。公交场站包括公交首末站、公交枢纽站、公交停靠站、公交综合车场（停车保养场）、公交修理厂等。公交场站调查的主要内容有：各类公交场站的位置、面积、服务车种和车辆数（或线路）、服务半径等。

公交运营特征调查包括公交站点上下客人数调查和线路跟车调查。传统的公交运营特征调查主要采用人工调查法。开展调查公交站点上下客人数时，根据停靠在该站点的公交线路数量的多少，在每个公交站点设2~4名调查员，记录各公交车辆在该站点的到站时间、上客数及下客数，调查内容见表2-8。通常情况下，上客数和下客数应安排不同的调查员统计。

公交站点上下客人数调查表 表 2-8

站点名称： 调查日期： 天气： 调查人：

线路名称	到达时间	上客数	下客数	线路名称	到达时间	上客数	下客数

开展公交线路跟车调查时，在每一被调查车辆内设置 2～4 名调查员，调查该车在各停靠站的上下客人数、车内人数、到站时间、离站时间、换乘情况等，调查内容见表 2-9～表 2-12。通常情况下，每个车门设一位调查员，并在车内设一位问询调查员，抽样调查换乘情况。

公交线路跟车调查汇总表 表 2-9

公交线路： 行车方向（上/下行）：

调查日期： 天气： 调查人：

站名	序号	到站时间	离站时间	上客数	下客数	下车后换乘	下车后不换乘
	1						
	2						
	3						
	……						
	N						

公交线路跟车调查表（上车） 表 2-10

公交线路： 行车方向（上/下行）：

调查日期： 天气： 调查人：

站名	序号	到站时间	离站时间	上客数	受阻情况
	1				
	2				
	3				

续上表

站名	序号	到站时间	离站时间	上客数	受阻情况
	……				
	N				

公交线路跟车调查表(下车)　　表2-11

公交线路:　　行车方向(上/下行):

调查日期:　　天气:　　调查人:

站名	序号	下客数	下车后换乘	下车后不换乘
	1			
	2			
	3			
	……			
	N			

公交线路跟车调查表(车内问询)　　表2-12

公交线路:　　行车方向(上/下行):

调查日期:　　天气:　　调查人:

站名	序号	下车后换乘	下车后不换乘
	1		
	2		
	3		
	……		
	N		

2.4　公交线网优化

2.4.1　公交线网优化的目标

2.4.1.1　运量与运力匹配

线网优化的主要目标是实现客流与运力匹配、客运需求分布与线路运力分布供需平衡，实现运力与运量的协调发展。

①运量需求：通过现状及未来预测的客运需求分析公交站点、公交场站、公交线路、客流走廊、客流区域等各类型点、线、面层次的客运需求分布规律，准确把握公交客运现状及未来预测的需求量。

②运力供给匹配：通过对现状公交站点、公交场站、城市道路等基础设施的承载量进行分析，并分析公交线路排班计划、运力配置、协同调度等运营参数，准确掌握公交运力现状供给量，实现现状供给与需求的平衡；通过规划和调整公交站点、线路、场站，改变运营计划，实现未来的供给与需求的平衡。

为了这一目标的实现，通常开展以下工作[6]：

①公交线网评价。一是在规划之前研究存在的问题及原因，用于进行现状分析；二是在规划设计过程中，作为设计的辅助工具，做出较优方案的选择；三是在方案实施后，借助评价分析了解实施方案的效果。公交线网评价是公交线网优选与决策的基础，通过线网评价可综合评价公交线网现状，以分析现状公交线网中存在的不足；其次，评价优化后的各项指标，直接揭示公交线网的运行效果，验证方案的优化程度，为决策提供技术支持和依据，从而提高公交公司的效益，改善公交的服务质量，提高乘客的满意度。

②公交线网调整优化。根据对公交线网的评价结果，分析线网不合理的部分并进行调整优化，包括站点站位调整优化、单条公交线路调整优化、公交走廊调整优化、区域公交线网调整优化、干线支线分层多模式调整优化。

③规划建设标准的决策支持。构建公交线网规划的国家、行业、地方规划建设相关标准、规范数据库，为公交站点、线路、场站、线网的规划提供依据，例如依据现状客流量、道路条件规划可设置公交走廊、快速公交、公交专用车道、港湾式站台的线路和站点。

2.4.1.2 线网数据的基本分析与展现

公交线网优化的过程和结果需要通过基于地理信息系统的平台进行展示，通过地图服务、专题图服务、空间分析服务、统计分析服务等接口，实现公交线网评价指标的比较、分析与展示。展现的指标常包括线路总长度、线网总长度、站点覆盖率、线网重复系数、非直线系数、平均线网密度、线路负荷强度等；也可以通过直方图、曲线图、饼图等形式展示分析结果。

2.4.1.3 线网数据的一键式维护

公交线网优化的基础是公交线网数据，公交线网数据又是其他业务系统的数据基础。

为了保证数据的一致性,公交线网数据更新后,需要通过“一键式”维护,同步更新所有相关系统(包括调度系统、公众服务系统、统计分析系统等)中的线网数据,以保障线网调整信息快速、及时地传递给各相关部门和人员,实现信息维护的自动化、快速化和一体化。

公交线网数据一键式维护业务流程见图2-1。

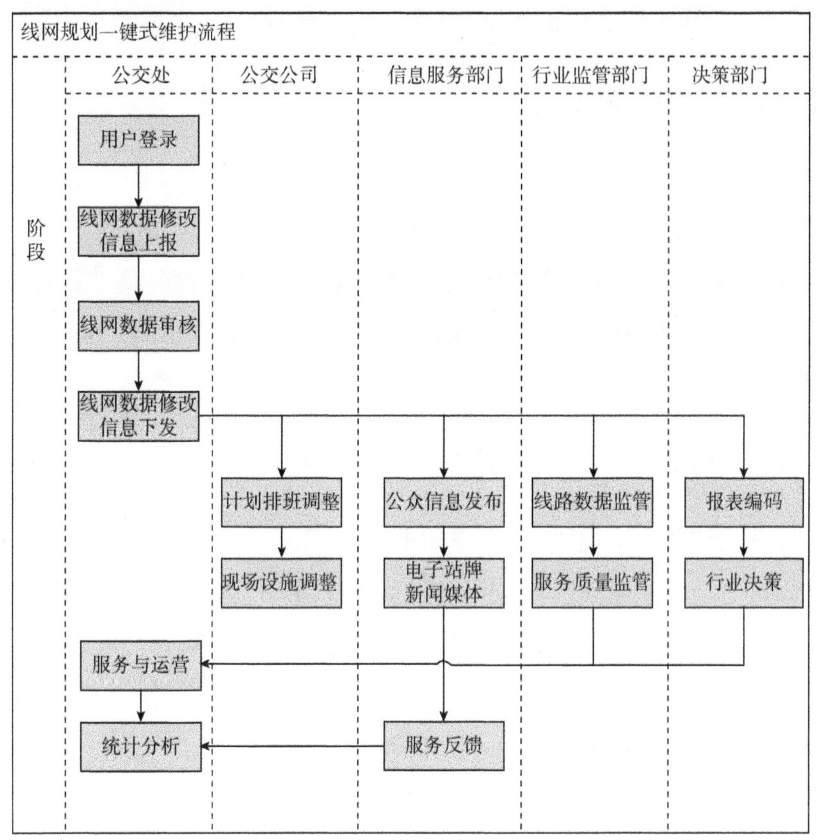

图2-1　公交线网数据一键式维护业务流程图

2.4.2　公交线网评价

公交线网评价通过确定公共交通线路规划建设指标、“公交都市”指标、成本规制效能指标和公交服务质量指标以及确定各评价指标的权重,来综合评价公共交通线路的技术水平、运营效率以及服务水平,从而为公共交通规划提供参考。

技术水平指标包括线路长度、线网密度、线路非直线系数、线路重复率、直达率、公交站点覆盖率、公交线网连通度等。

运营效率指标包括每小时乘客数、每公里乘客数、客运周转量、百车公里成本、百车公里收入等。

服务水平指标包括运送速度、平均候车时间、准点率、发车间隔、营业时间、高峰小时最大断面满载率等。

需要建立合理、全面的评价指标体系，综合评价公共交通线路的技术水平、运营效率以及服务水平，实现公交线网评价指标的比较、分析、展示。依托公交线网综合评价体系，制定分区域目标，引导多层次线网实施。

2.4.3 公交线网调整优化

公交线网调整优化主要是实现公交客流分析及公交线网规划辅助决策的功能，并模拟展示线网优化后的效果，直观地察看线网的调整优化结果。根据对公交线网的评价，分析线网不合理的部分，并进行调整优化，包括增加线路、删除线路、修改线路上的站点、修改线路行向、增加站台等，优化结果通过地理信息系统直观地进行展示，并支持手工对优化后的线网进行调整。

2.4.3.1 近期公交线网调整优化的步骤和策略

逐条分析、逐层调整、优化成网，步骤如下：

①逐条分析。结合交通和客流数据对各单条线路综合评价，评估并提出优化建议。

②逐层调整。逐层进行分析，在功能定位、需求及分布的基础上进行网络布设。

③优化成网。进行区域或总体网络综合评价与优化，反馈至各层及各线路再调整。

公交线网调整优化的基本策略有：

①线路调整应按照先增、后改、再撤的顺序，让乘客熟悉替代老线路的新线路，然后逐步调整线路，最后再取消线路，力求将对居民的出行影响降至最小。

②扩展公交走廊覆盖以外地区的线网服务范围。通过新增线路或已有线路的延伸、改线，减少现有建成区及新建用地的服务盲区，并改善非轴向客流联系的直达性。线路应布置在用地横向扩展较多而公交走廊无法覆盖的地区，联系主要居民区、就业中心、公共活动中心和快速公交走廊站点。

③减少常规线路与公交走廊的重复。把一些常规线路与公交走廊重复的线路进行改线、截短或取消，作为公交走廊的接驳线路、交叉线路或补充线路，避免常规线路与公交走廊长距离的重合，消除线路的无序竞争和浪费。具体可以：将部分穿越性较强的长线变为短驳线；在公交走廊上保留部分线路，但要缩短站距，设置港湾式公交停靠站，并采取站站停的运行模式，与公交走廊快慢结合，改善沿线地区居民公交出行的便利性；将部分线路转移到平行于走廊的新建道路上；改变部分线路的走向，使其与快速公交走廊形成交织，

更好地服务于走廊以外的地区。

④加强与快速公交走廊和其他常规公交线路的衔接,方便换乘。在不减少原有公交线网覆盖范围的前提下对个别线路走向进行调整,使之能够更好地与快速公交走廊连接,方便居民换乘快速公交来完成较长距离的出行。

⑤将部分取消线路充实到区域和接驳公交线网中,增加线网覆盖密度。

2.4.3.2　远期公交线网规划的步骤

远期公交线网规划的一般步骤见图2-2。

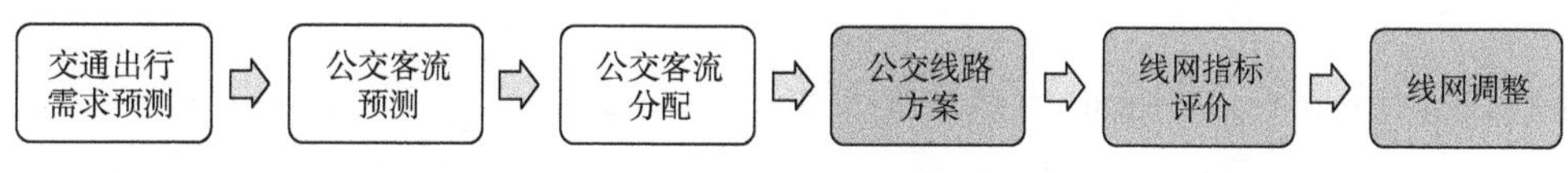

图2-2　规划步骤

交通出行需求预测的步骤见图2-3。

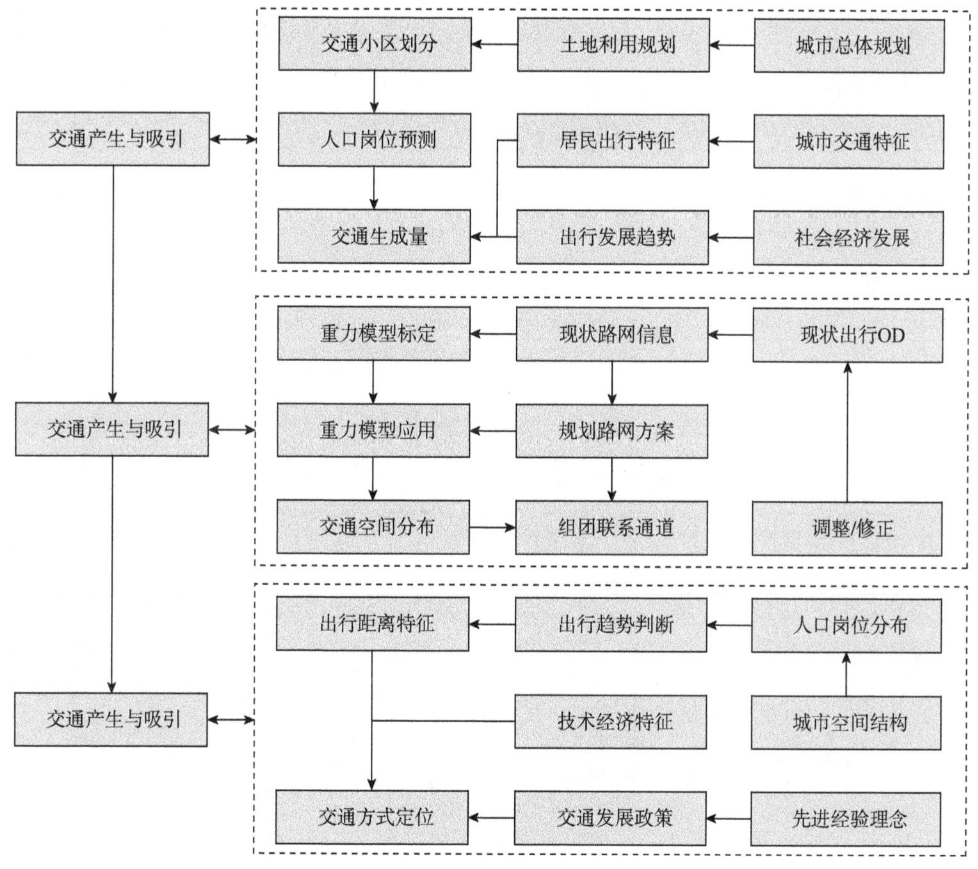

图2-3　出行需求预测步骤[7]

公交客流预测与分配的步骤见图 2-4。

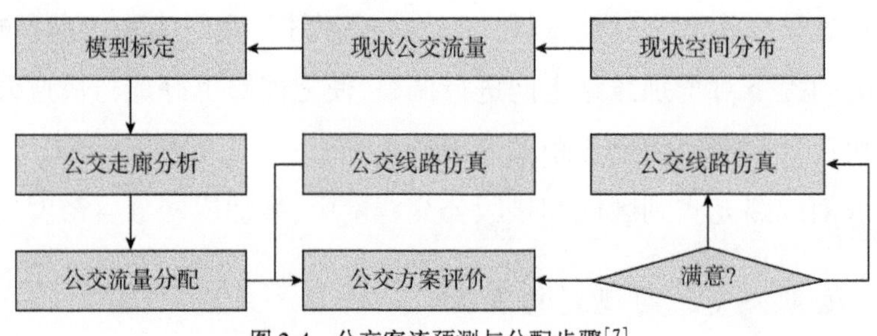

图 2-4　公交客流预测与分配步骤[7]

2.4.3.3　整体优化

整体优化的基本元素包括线路调整优化(如信号优先、增设快线和骨干线、发班建议)和区域调整优化。基本步骤为:选定线路、区域,选取评价指标(如线路长短、站间距)。达到的效果是抽密补疏,降低重复系数、非直线系数,提高覆盖率。

干支线协同规划的优化过程:根据公交走廊、公交专用车道、快速公交规划确定干线走廊后,新增一条干线公交线路,凡是在该线路上设置站点的原有线路均纳入评价范围,可统计与干线站点重合率高的原有线路,作为重点调整线路,使用移、截、撤延等方法调整,通过评价模型评价线网指标,直至满意为止。

(1)单条线路调整优化

①评价指标构成

单条线路评价模型见图 2-5。

目标层	单条线路评价模型
准则层	指标层
技术指标	公交线路长度；平均站距；非直线系数；重复率分析
统计指标	港湾式停靠站设置比例；线路营运时间；线路发车间隔；线路站停时间；线路始末站停车时间；线路周运时间；线路公交车单程运行时间；公交线路配车数；线路断面客流量；线路所在道路负载率
服务指标	高峰满载率；平峰满载率；高峰平均时速；非高峰平均时速；公交平均运送速度；高峰单程时间；高峰候车时间；乘客平均候车时间；行车责任事故频率；行车责任死亡事故频率；行车责任事故间隔里程；行车正点率；首末班准点率；关联度
经济指标	全天线路满载率；线路全天运输效益；客流流向与线路匹配度；行车单位能耗量；线路车辆百公里运营成本；线路车辆百公里运营收入；线路车辆空驶率

图 2-5　单条线路评价模型

②评价指标

评价指标见表 2-13。

单条线路调整优化评价指标 表 2-13

序号	评价指标	单位	合理建议值	评价属性
1	公交线路长度	km	8~20	技术指标
2	平均站距	m	500~800	技术指标
3	非直线系数	—	1~1.4	技术指标
4	重复率分析	—	0%~20%	技术指标
5	港湾式停靠站设置比例	—	0%~100%	统计指标
6	线路营运时间	h	0~24	统计指标
7	线路发车间隔(高峰)	min	0~30	统计指标
8	线路站停时间	min	0~10	统计指标
9	线路始末站停车时间	h	0~24	统计指标
10	线路周运时间	h	0~3	统计指标
11	线路公交车单程运行时间	h	0~1	统计指标
12	公交线路配车数	辆	0~30	统计指标
13	线路断面客流量	人/h	0~2000	统计指标
14	线路所在道路负载率	—	0~1	统计指标
15	高峰满载率	—	60%~100%	服务指标-舒适性
16	平峰满载率	—	30%~100%	服务指标-舒适性
17	全天线路满载率	—	30%~100%	经济指标-效率
18	高峰平均时速	km/h	17~60	服务指标-及时性
19	非高峰平均时速	—	20~60	服务指标-及时性
20	公交平均运行速度	—	20~60	服务指标-及时性
21	高峰单程时间	min	0~60	服务指标-及时性
22	高峰候车时间	min	0~4	服务指标-方便性
23	乘客平均候车时间	min	0~6	服务指标-方便性
24	行车责任事故频率	次/百万 km	0~1.5	服务指标-安全性

续上表

序号	评价指标	单位	合理建议值	评价属性
25	行车责任死亡事故频率	次/百万 km	0~0.03	服务指标-安全性
26	行车责任事故间隔里程	万 km/次	>70	服务指标-安全性
27	行车正点率	—	80%~90%	服务指标-准确性
28	首末班准点率	—	90%~100%	服务指标-准确性
29	关联度	个	0~5	服务指标-方便性
30	线路全天运输效益	—	20%~100%	经济指标-效益
31	客流流向与线路匹配度	—	0~1	经济指标-效率
32	行车单位能耗量	L/百 km、m^3/百 km	柴油 15~70L/百 km，天然气 20~75m^3/百 km	经济指标-效能
33	线路车辆百公里运营成本	元/百 km	0~200	经济指标-效益
34	线路车辆百公里运营收入	元/百 km	0~6000	经济指标-效益
35	线路车辆空驶率	—	0~1	经济指标-效益

(2)区域线路调整优化

①评价指标构成

区域线路评价模型见图 2-6。

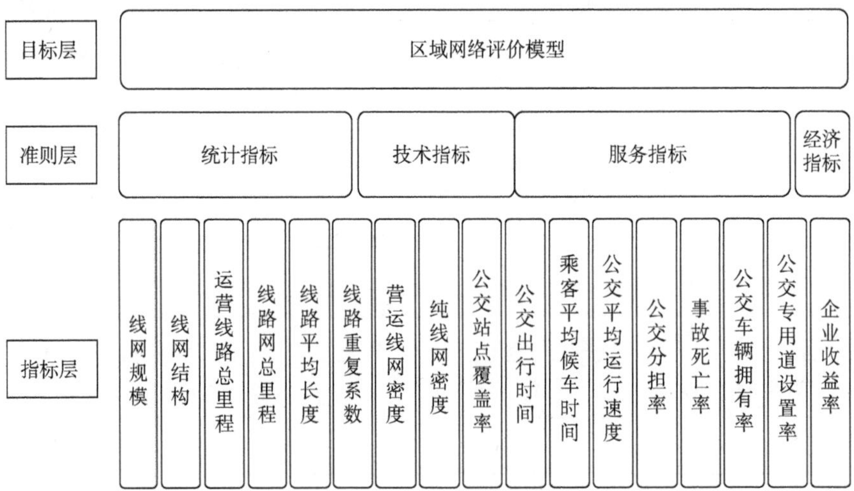

图 2-6 区域线路评价模型

②评价指标

评价指标见表2-14。

区域线路调整优化评价指标　　表2-14

序　号	评价指标	评价属性
1	线网规模	统计指标
2	线网结构	统计指标
3	运营线路总里程	统计指标
4	线路网总里程	统计指标
5	线路平均长度	统计指标
6	线路重复系数	技术指标
7	营运线网密度	技术指标
8	纯线网密度	技术指标
9	公交站点覆盖率	技术指标
10	公交出行时间	服务指标
11	乘客平均候车时间	服务指标
12	公交平均运行速度	服务指标
13	公交分担率	服务指标
14	事故死亡率	服务指标
15	公交车辆拥有率	服务指标
16	公交专用车道设置率	服务指标
17	企业收益率	经济指标

2.4.4　公交走廊规划

公交走廊主要指城市快速路、干线道路，这些道路具备建立公交专用车道的条件。以一卡通数据、线路运营数据、车辆数据、道路交通状态数据等，分析路段客流量、路段公交车流量、道路实际状况、路段饱和度、公交运行速度，对设置公交走廊的具体道路及专用时段给出建议方案。公交走廊的设置条件参考北京公交专用车道设置的地方标准，其他城市按城市规模适当降低标准。

(1)公交走廊的设置条件

①路段客流量≥6000人次/高峰小时。

②断面单向平均公交车流量大于50辆/h或高峰小时断面单向公交车流量大于150辆/h。

③公交运送速度≤14km/h。

④道路实际状况。

⑤单向机动车车道数≥3,或单向机动车道路幅总宽≥11m(红线宽度大于25m)。

⑥路段饱和度为0.5~0.8。

(2)公交走廊评价指标

公交走廊评价指标见表2-15。

公交走廊评价指标 表2-15

序　　号	评 价 指 标	评 价 属 性
1	平均站距	技术指标
2	线网结构(干线与支线线路数之比)	技术指标
3	重复率分析(干线与其他线路比较)	技术指标
4	公交平均运送速度(走廊内线路)	服务指标
5	断面客流量(走廊内线路)	服务指标
6	平均满载率(走廊内线路)	服务指标

(3)公交走廊规划步骤

公交走廊规划的步骤为:

①路段客流量分析,如图2-7所示。

②选择满足高峰断面流量指标的线路。

③生成公交专用车道布局方案。

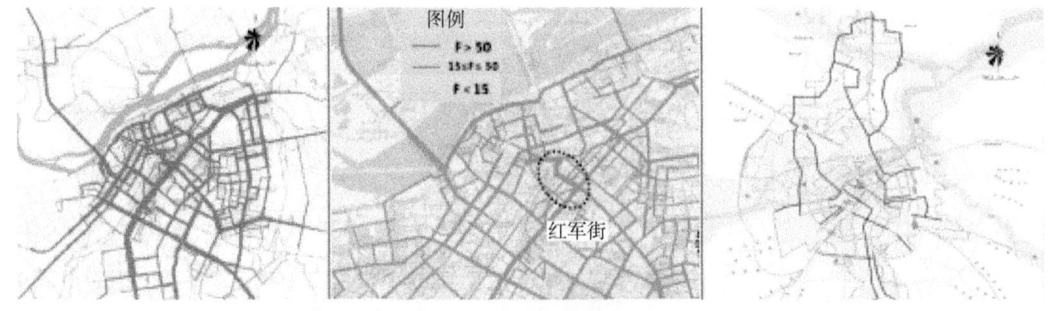

图2-7　公交走廊规划步骤

2.4.5 港湾式站台规划

依据站点线路数量、上下车客流等情况规划港湾式站台。港湾式站台设置门槛如下：

①站点所在道路等级为主干道。

②停靠公交线路条数≥5。

③高峰小时上车客流量≥500 人/h。

④公交专用车道且公交车流量大于 60pcu/h。

2.4.6 干支线网协同规划

干支模式(图 2-8)是在主要的公交客流走廊上,将原有过多的常规公交线路适当调整缩减,形成干线,在快速公交中转换乘站点(尤其是首末站)与常规公交线路相衔接。这些常规公交称为支线,它们扩展了干线的服务范围,对干线起到客流馈给的作用。除此之外,干线还可以与其他交通方式进行换乘对接。

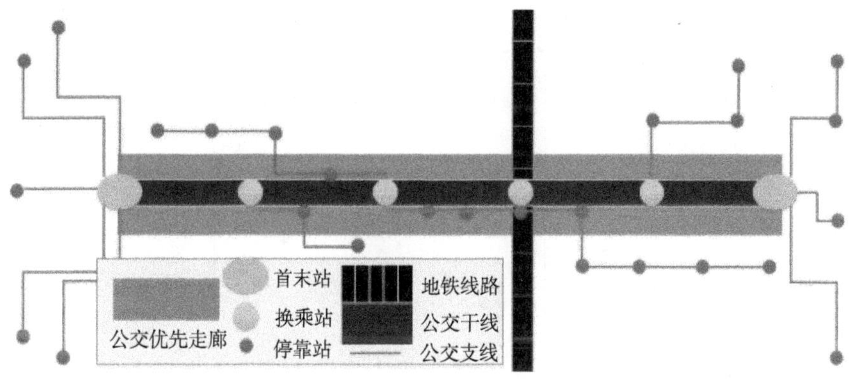

图 2-8 干支模式

哈尔滨公交优先走廊的干支线网协同规划,覆盖走廊干线、支线、接驳线的协同规划等,要从线网优化布局、运力配置、协同调度等多方面实现统筹规划。规划步骤见图 2-9。

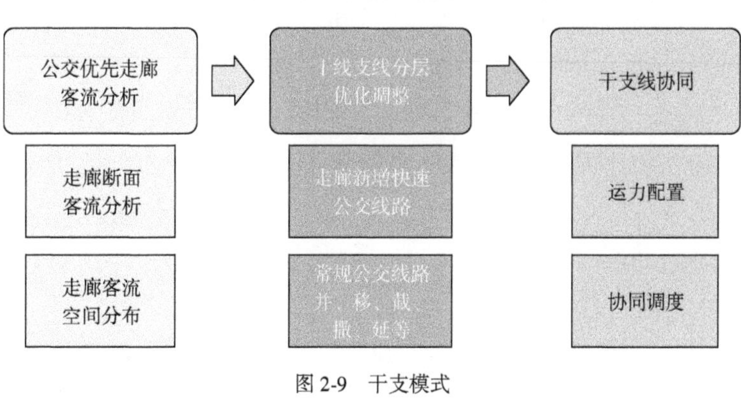

图 2-9 干支模式

(1)操作流程

①新增干线操作

在地图上新增干线线路,或是选定一条线路作为干线;系统显示在该线路上设置站点的其他线路,作为支线。

②调整支线操作

选择一条支线;系统显示该支线与干线的重合率;在地图上修改线路上的站点、线路走向等,也可以删除线路,以减少重合率。

系统显示修改后的线路的站点和走向,及该线路与干线的重合率。系统计算该线路与干线在干线站点协同换乘的运量。

③干支线运力协同配置操作

选择干线上的所有站点;系统依据第②步计算的协同换乘运量,统计显示干线各个站点上协同换乘的运量,示例参见表2-16。

干支线协同换乘运量(人) 表2-16

干线站点	换乘运量							
	支线1	支线2	支线3	支线4	支线5	支线6	支线7	换乘运量合计
A站	100	20	—	—	—	—	—	120
B站	—	—	—	—	—	—	—	—
C站	—	—	40	—	—	—	—	40
D站	—	—	—	—	10	—	—	10
E站	—	—	—	—	—	—	—	—
F站	—	—	—	60	—	10	—	70
G站	—	—	—	—	—	—	90	90

(2)参数设置

支线线路站点与干线站点重合率大于0、小于1,调整后尽量小;支线线路在干线站点换乘的运量,支线运量中OD经过干线站点的乘客。

(3)页面展示

页面展示见图2-10。

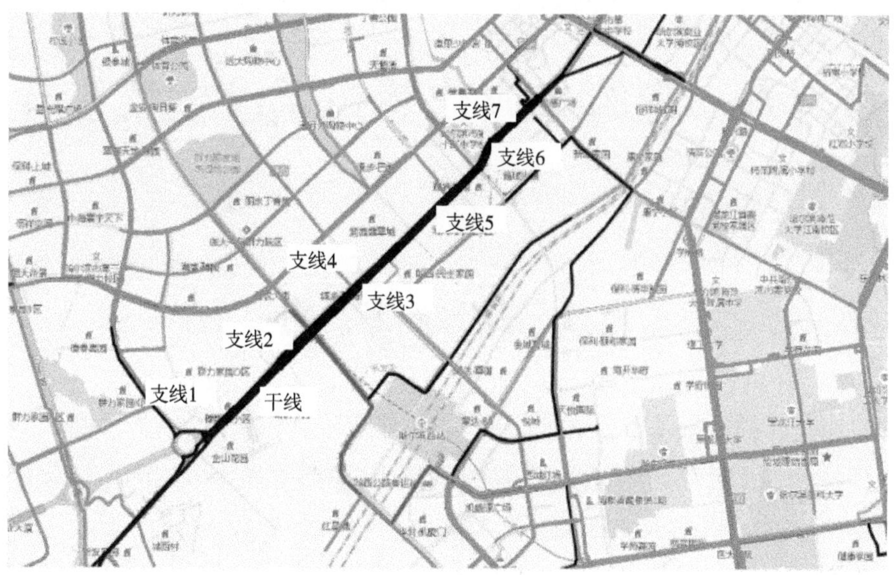

图 2-10　新增干线、显示干线相关支线

第3章　走廊集成化管控系统框架设计

3.1　系统架构

走廊集成化管控系统基于智能公交技术、公交信号优先技术、电子警察、物联网感知短距离通信技术、4G远程通信技术、视频识别技术、车路协同技术实施一体化应用等，提高走廊整体效率、公交出行速度、可靠性、舒适性和安全性[8]。

走廊集成化管控系统主要由站台视频监控子系统、公交协同调度子系统、公交走廊管理子系统、公交专用车道路权保护子系统、公交站台停靠管理子系统、站台信息服务子系统、公交信号优先子系统、车路协同子系统、无线传感网管理系统组成。系统架构见图3-1。

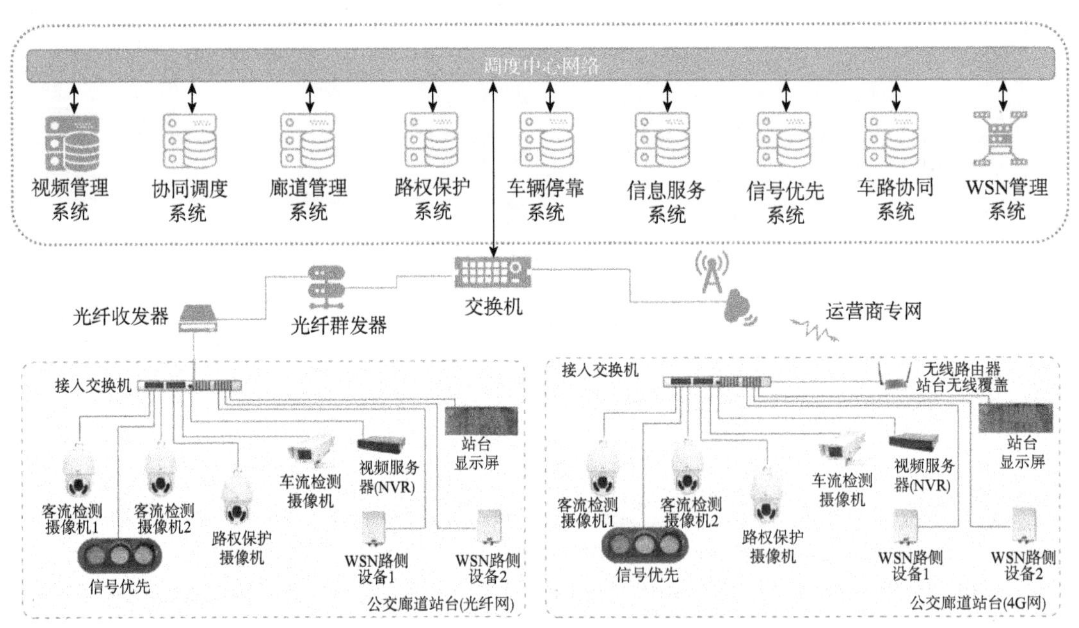

图3-1　走廊集成化管控系统架构

在公交走廊管理中，首先要实现三个最基本的功能：路权保护、快速进出站以及减少交叉口公交车等待时间。在公交走廊管理中,道路空间分配、公交线路优化和交叉口公交优先设计是最为基本的内容[9],在基本内容配置完成后,再对其他内容进行管理。

3.1.1　站台视频监控子系统

站台视频监控子系统系统采用两层集成管理模式,即中心管理层、站台管理层。通过操作系统与数据库系统建立完整、统一的系统运行平台,使系统在管理、数据存储与使用等方面形成集中管理与调度。

站台视频监控子系统主要完成公交走廊内站台及到站运营车辆现场情况的实时摄像监视、录像和事件检测,通过网络将前端图像和事件检测信息传回指挥中心,实现站台安全防范、中心实时监控,系统报警联动。

3.1.2　公交协同调度子系统

为保证走廊内的各个线路车辆正常、快速运行,建立一套多线路智能化的协同调度系统,主要提供计划排班、行车计划调度、线路运行状态图监控、电子路单数据管理、地理信息系统(Geographic Information System,GIS)车辆监控、公交干支线协同调度、接口服务等功能。

3.1.3　公交走廊管理子系统

实现对公交走廊的管理,主要通过对通道车流量、电子路单、车辆停靠统计、站台视频监控、发车间隔以及客流统计等进行监控,实现对公交走廊车辆及进入公交走廊车道的普通公交车辆的营运秩序、行车安全及服务质量的监管,满足运管部门的行业管理需求。基于产生的运营数据为公交运营系统规划和管理提供数据决策支撑。

3.1.4　公交专用车道路权保护子系统

利用人工智能和深度学习技术,基于无线传感网(Wireless Sensor Network,WSN)路侧设备目标检测、行为识别、车辆识别等智能识别算法,自动识别社会车辆占用公交车道违法行为,并自动抓拍、实时上传到系统平台。系统建设将有效震慑违法占用公交专用车道的行为,保障公共交通的有序通畅,也为城市加大优先发展公共交通力度、加强交通秩序管理等缓解拥堵措施提供有效保证。

3.1.5 公交站台停靠管理子系统

部署 WSN 路侧系统,基于物联网定位和超声波雷达传感器对车辆站台停靠位置进行管理和控制,消除安全隐患,使公交车有序进出站。

与公交协同调度子系统实时对接,利用站台 WSN 辅助定位功能和超声波雷达判断公交车停靠车位,停靠信息通过 WSN 路侧设备上传至调度中心,同时实时判断车辆停靠是否规范,调度中心记录日志,作为考核驾驶员的依据。

3.1.6 站台信息服务子系统

依托多媒体网络技术,以站台的高亮度 LED(Light Emitting Diode,发光二极管)显示屏、LCD(Liquid Crystal Display,液晶显示器)显示屏、广播等为媒介向乘客提供信息服务。站台信息服务子系统为进站、候车的乘客提供实时信息服务,主要信息包括车辆到达时间、距离、停靠位置、车内拥挤度等,使乘客方便、及时、准确地获得所需乘车信息,充分体现公交走廊系统以人为本的运营理念,提高系统服务质量及服务水平。

3.1.7 公交信号优先子系统

公交信号优先子系统兼容已建系统,并进行有效对接。建设完整的公交信号优先系统,可以有效提升系统性能。同时,需要考虑扩展性和开放性,定义标准接口规范,为后续系统升级和扩容提供保障。

在保证公交车通行优先权的同时,考虑到对于社会车辆的影响,使得公交车辆能够在智能系统的调配下减少等待时间,提高运送乘客的效率。公交信号优先子系统可以实现:

①公交优先力度可控:可根据公交走廊内路口、路段实际交通情况,区分不同时段、不同公交车流量等因素,进行公交优先力度控制。

②公交优先分优先级:根据车间距大小,脱班严重程度,乘车、候车乘客数量、在路口同期到达等待的车辆数等因素,将公交走廊内公交专用车道划分不同的公交优先等级。

③系统可扩展:系统可接入公交企业的公交车辆调度信息,根据公交车是否晚点、公交车满载率等情况进行优先控制。同时系统应具备对接交管部门的数据交换能力,为综合分析全市交通状况提供接口。

3.1.8 车路协同子系统

车路协同子系统通过先进的无线通信和互联网等技术，全方位实施人、车、路动态信息实时交互。车辆通过车载终端，与路侧端进行实时通信，获取交叉口信号灯状态、行驶速度建议等信息。系统管理中心也可通过车路通信及时掌握车辆及路况信息，从而有效保障道路安全、提升运行效率。

3.1.9 无线传感网管理系统

无线传感网(WSN)技术是一种短距离、低复杂度、低功耗、低速率、低成本的双向无线通信技术，适用于距离短、功耗低且传输速率低的设备之间进行数据传输以及典型的周期性数据、间歇性数据和低反应时间数据的传输。

WSN 主要工作于 2.4GHz 波段，采用跳频技术，基本速率是 250kb/s，单点覆盖距离 50~300m，联网所需时间小于 30ms，具有很高的集成度和可靠性。

在智能公交领域应用 WSN 技术，可以快速从海量数据中提取有用信息，及时准确地监测、汇总、分析和处理公交车辆的运行状态，提高公共交通服务的运行效率。

WSN 车载节点安装在公交车辆上，WSN 路侧设备安装在公交场站和路口等位置。系统通过 WSN 路侧设备自动建立网络。

基于 WSN 的物联网公交检测系统可以利用组网和定位技术，并通过车载调度终端获取公交车辆位置、线路编号、车辆编号、行车方向、行驶速度、拥挤程度等信息，这些信息通过 WSN 路侧设备传输到控制中心，以便控制中心实时掌握车辆动态信息。

3.2 网络架构及部署

走廊集成化管控系统中的设备通过 4G(the 4th Generation Mobile Communication Technology，第四代移动通信技术)、ZigBee、以太网等构成网络，实现智能调度、站台管理、车路协同、信号优先等功能。系统网络部署见图 3-2。

在站台部署 WSN 路侧设备 2 台、视频监控摄像机 1 台、超声波雷达 2 台、交换机 1 台。站台内通过交换机连接成以太网，WSN 路侧设备与公交车载设备连接成无线传感网，WSN 路侧设备与调度中心通过 4G 网络或专网连接，与调度中心平台进行通信。

在路口部署 WSN 路侧设备 2 台、信号优先申请设备 1 台。信号优先申请设备与信号机连接,3 台设备组成通信网络,信号优先申请设备通过 4G 网络或专网与调度中心平台进行通信。

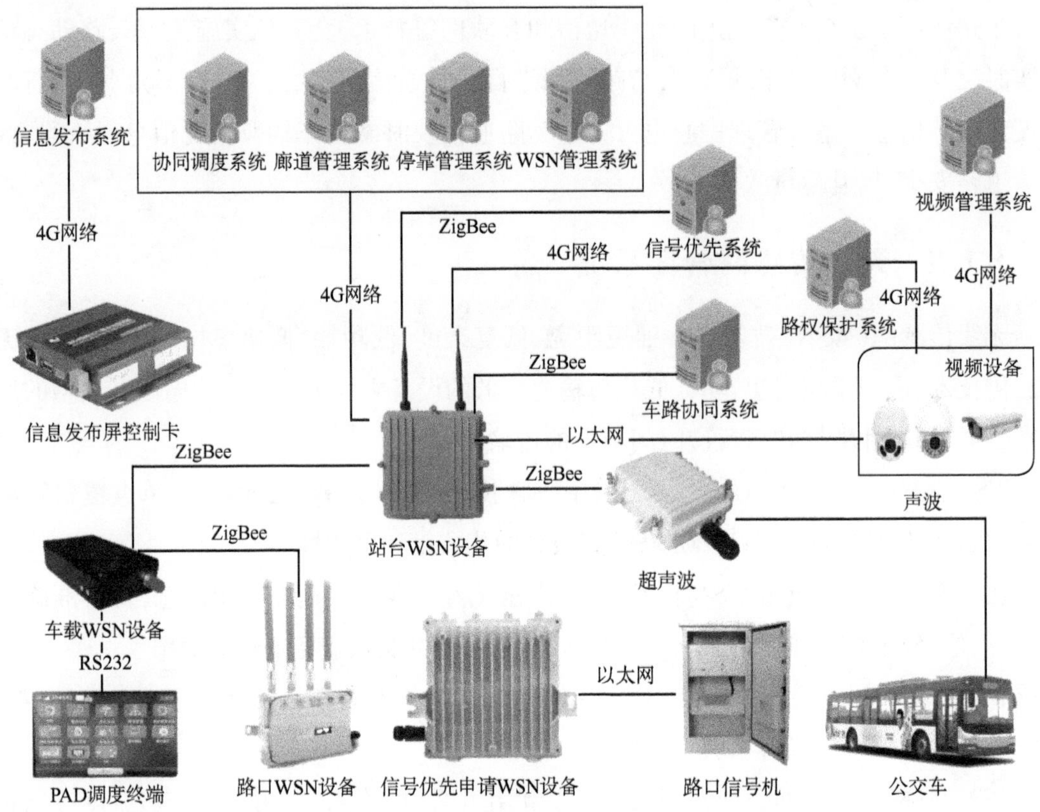

图 3-2　走廊集成化管控系统网络部署图

第 4 章　应用软件功能设计与实现

4.1　公交走廊状态监控管理

在公交走廊的规划与设计中,首先要实现对公交走廊的管理。对公交走廊进行管理的主要目的是保证走廊内车辆的有序运行,提高公交车辆的运行效能,减少公交车辆的行程时间,根据实际情况匹配运力和客流需求,最大化有限资源的利用率,最终达到降低乘客等候时间的目的,提升服务水平,增大选择公交出行市民的比例。

公交走廊管理系统的主要功能有走廊客流状态监测、基础信息管理、通道秩序管理、运营秩序监控、站台饱和度管理、走廊运行状态分析与评价等。下面对各功能的详细内容做介绍。

4.1.1　走廊客流状态监测

在公交走廊管理系统中,利用数据及柱状图对走廊整体客流状态做实时统计分析,如各站台上车人数和下车人数、各站台拥挤度,最终对整个走廊做综合统计,如图 4-1 所示。

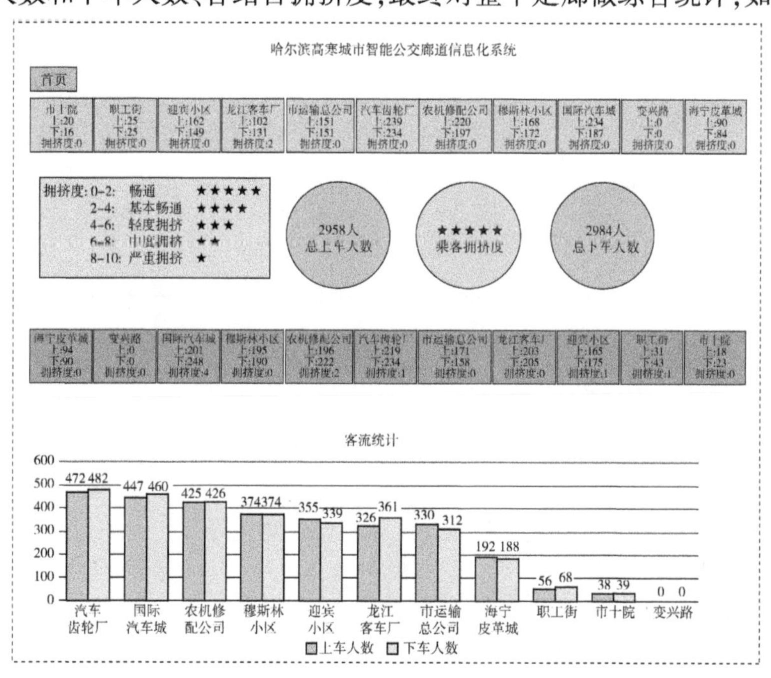

图 4-1　公交走廊管理系统整体状态

4.1.2　基础信息管理

在基础信息管理中,可以对公交企业、公交走廊、从业人员、公交场站、公交站台、公交线路、公交车辆等进行管理,保证走廊基础信息准确,并且可以及时审核信息的变化。

4.1.2.1　公交企业管理

对公交企业的名称、经营负责人、企业状态及审核状态等信息进行管理,如图 4-2 所示,确保各企业的状态正常。

图 4-2　公交企业管理

4.1.2.2　公交走廊管理

公交走廊管理的主要内容有走廊长度和最大容车数(图 4-3)。公交走廊管理是为了估计走廊最大运营量,优化公交车辆的排班计划。

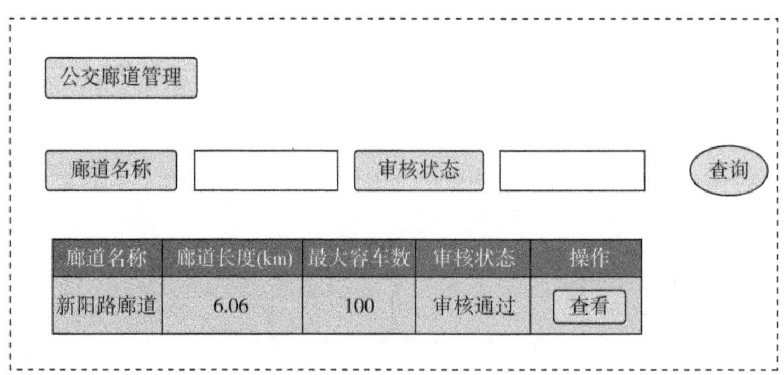

图 4-3　公交走廊管理

4.1.2.3　从业人员管理

对从业人员进行管理，也即对从业人员基本信息进行备案，具体管理信息有从业人员姓名、编号、工种、所属公司及其线路。此功能有利于公交车辆的安全运行及责任分工。

4.1.2.4　公交场站管理

公交场站管理的主要内容是公交场站的名称及其地理位置（图4-4），有助于车载设备和路侧设备的准确通信。

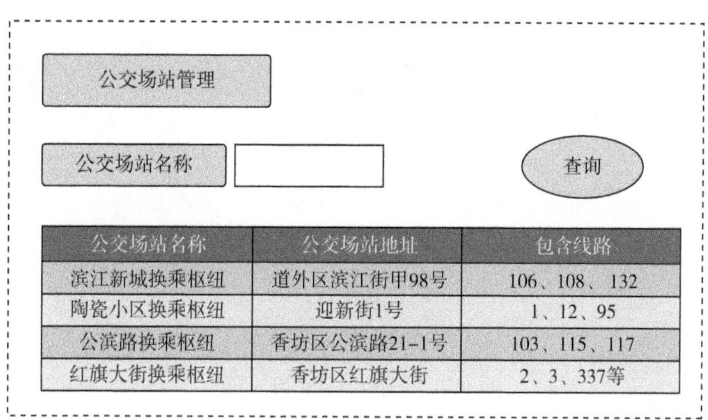

公交场站名称	公交场站地址	包含线路
滨江新城换乘枢纽	道外区滨江街甲98号	106、108、132
陶瓷小区换乘枢纽	迎新街1号	1、12、95
公滨路换乘枢纽	香坊区公滨路21-1号	103、115、117
红旗大街换乘枢纽	香坊区红旗大街	2、3、337等

图4-4　公交场站管理

4.1.2.5　公交站台管理

公交站台管理是对公交站台的站点编号、名称及其具体位置进行记录（图4-5），方便核查公交站台信息等。

公交站台管理

地点名称 ［　］　廊道名称 ［　］　审核状态 ［全部］　查询

站点编号	站点名称	经度(°)	纬度(°)	方位	行政区	廊道名称	创建时间	审核状态	审核时间	操作
1116000	海宁皮革城	126.5447	45.70142	路北	道里区	新阳路廊道	2018/7/25	审核通过	2019/10/23	查看
1115000	海宁皮革城	126.5439	45.69953	路南	道里区	新阳路廊道	2018/7/25	审核通过	2019/10/23	查看

图4-5　公交站台管理

4.1.2.6 公交线路管理

公交线路管理主要内容有线路名称、线路编码、线路类型、线路里程和线路状态(图 4-6),主要目的是统计各线路里程及其状态,方便公交车辆通行。

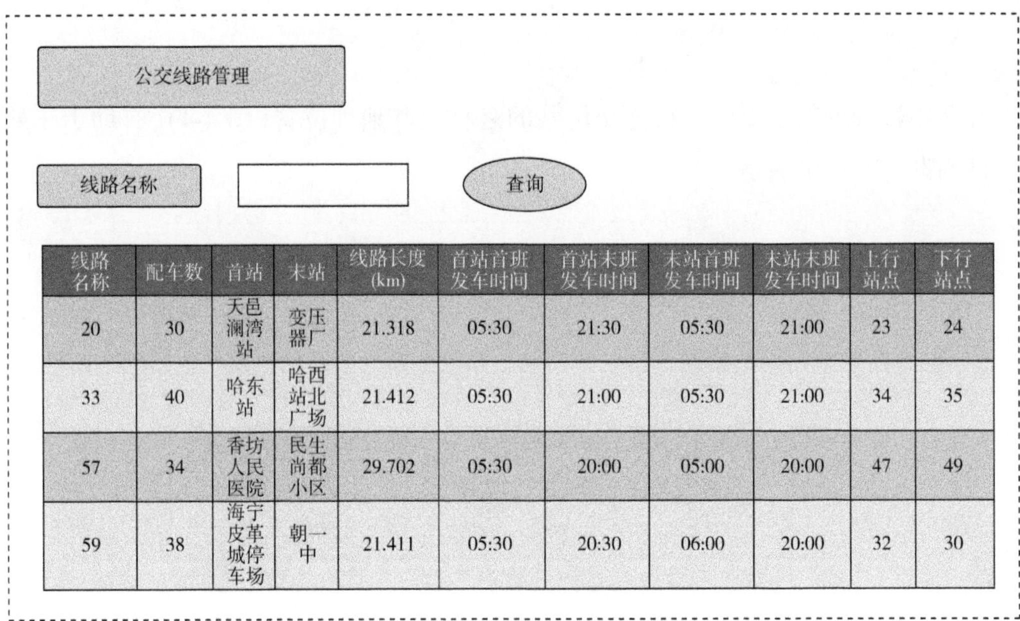

线路名称	配车数	首站	末站	线路长度(km)	首站首班发车时间	首站末班发车时间	末站首班发车时间	末站末班发车时间	上行站点	下行站点
20	30	天邑澜湾站	变压器厂	21.318	05:30	21:30	05:30	21:00	23	24
33	40	哈东站	哈西站北广场	21.412	05:30	21:00	05:30	21:00	34	35
57	34	香坊人民医院	民生尚都小区	29.702	05:30	20:00	05:00	20:00	47	49
59	38	海宁皮革城停车场	朝一中	21.411	05:30	20:30	06:00	20:00	32	30

图 4-6 公交线路管理

4.1.2.7 公交车辆管理

公交车辆管理是对每一条线路的每一辆公交车进行管理(图 4-7),可以保证公交车的行车效率,并且为实时监控车辆状态提供了便利。

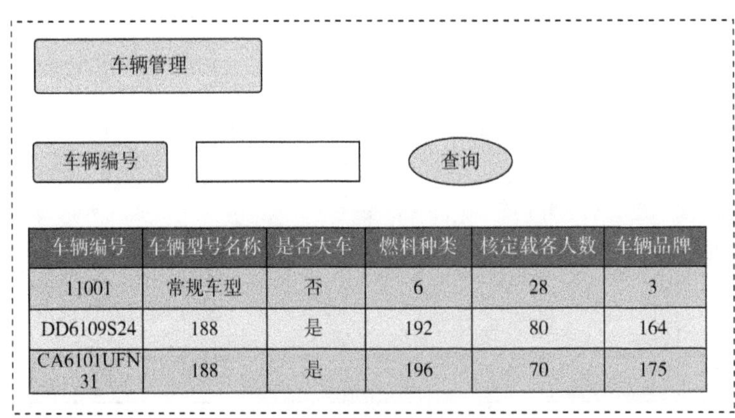

车辆编号	车辆型号名称	是否大车	燃料种类	核定载客人数	车辆品牌
11001	常规车型	否	6	28	3
DD6109S24	188	是	192	80	164
CA6101UFN31	188	是	196	70	175

图 4-7 公交车辆管理

4.1.3　通道秩序管理

通道秩序管理主要内容有走廊车辆监控、车辆数据信息管理、车辆运营速度、车辆运行速度、单线路运行简图、车辆运营状态、负荷度评价、车辆上下线记录、停靠时间统计、换乘时间统计以及站台车流分布,可以对车辆的实时状态进行统计分析。下面对通道秩序管理的详细内容进行介绍。

4.1.3.1　走廊车辆监控

走廊车辆监控可以对走廊内的车辆数目及车速做实时统计,并分析上行及下行车数,同时检测社会车辆车速以及走廊的整体饱和度(图4-8)。

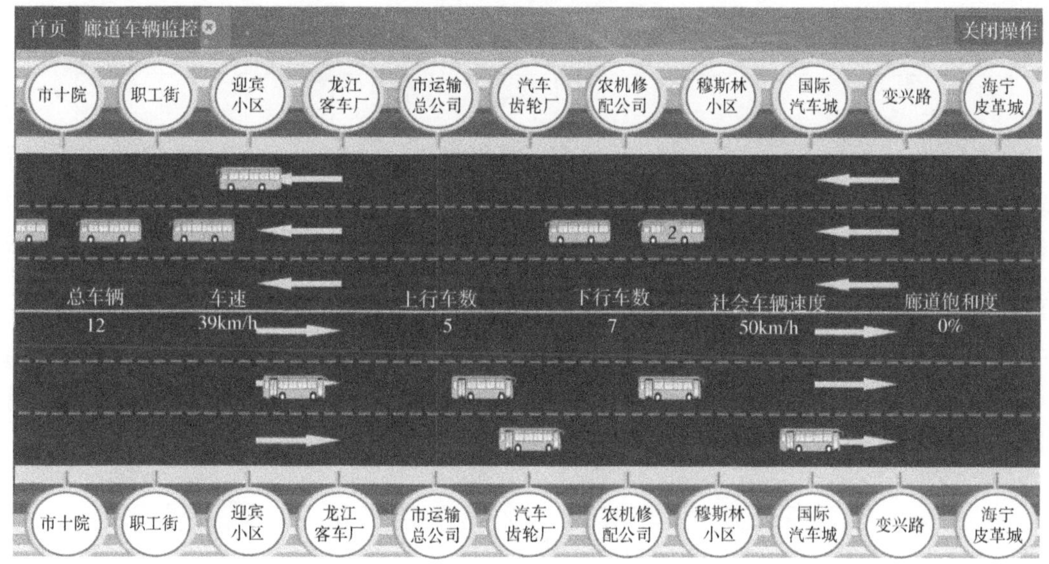

图4-8　走廊车辆监控

4.1.3.2　车辆数据信息管理

车辆数据信息管理(图4-9)主要目的是实时统计各公交公司的运营车辆数,并对它们的上下行车辆数进行统计。

4.1.3.3　车辆运营速度

主要管理内容有车辆运营时间、车辆运营里程以及车辆运营速度,对公交车辆在某一时间段的运营情况进行统计(图4-10),可以为车辆的故障排查以及线路的拥堵情况分析等提供一定的数据支持。

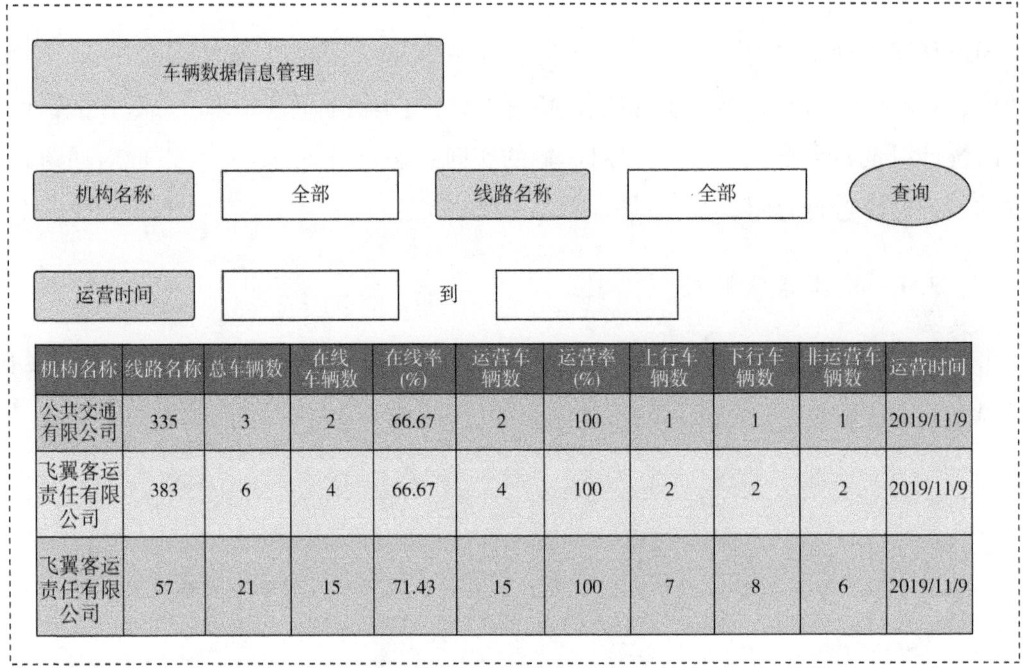

机构名称	线路名称	总车辆数	在线车辆数	在线率(%)	运营车辆数	运营率(%)	上行车辆数	下行车辆数	非运营车辆数	运营时间
公共交通有限公司	335	3	2	66.67	2	100	1	1	1	2019/11/9
飞翼客运责任有限公司	383	6	4	66.67	4	100	2	2	2	2019/11/9
飞翼客运责任有限公司	57	21	15	71.43	15	100	7	8	6	2019/11/9

图 4-9　车辆数据信息管理

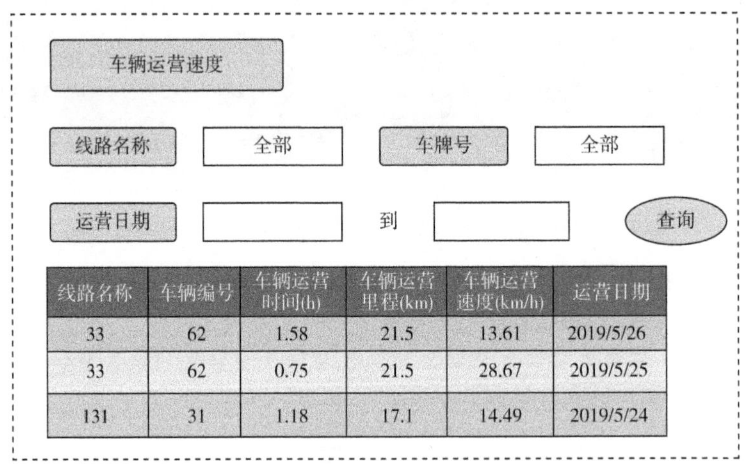

线路名称	车辆编号	车辆运营时间(h)	车辆运营里程(km)	车辆运营速度(km/h)	运营日期
33	62	1.58	21.5	13.61	2019/5/26
33	62	0.75	21.5	28.67	2019/5/25
131	31	1.18	17.1	14.49	2019/5/24

图 4-10　车辆运营速度

4.1.3.4　车辆运行速度

对车辆运行速度的管理,主要内容是统计车辆在站与站之间的运行情况(图 4-11),可以对车辆在固定站台之间的运行情况做一定的分析。

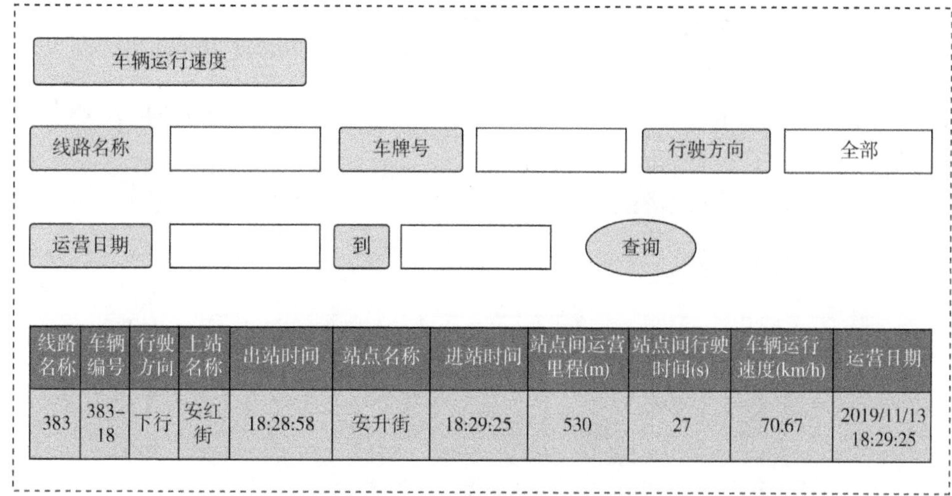

图 4-11　车辆运行速度

4.1.3.5　单线路运行简图

图 4-12 是示例公交走廊系统中某一线路的运行简图，简图中的主要信息有线路名称、线路的起点和终点站、线路配车数量以及车辆的状态，可以清晰地观察到该线路中各车辆的实时位置。

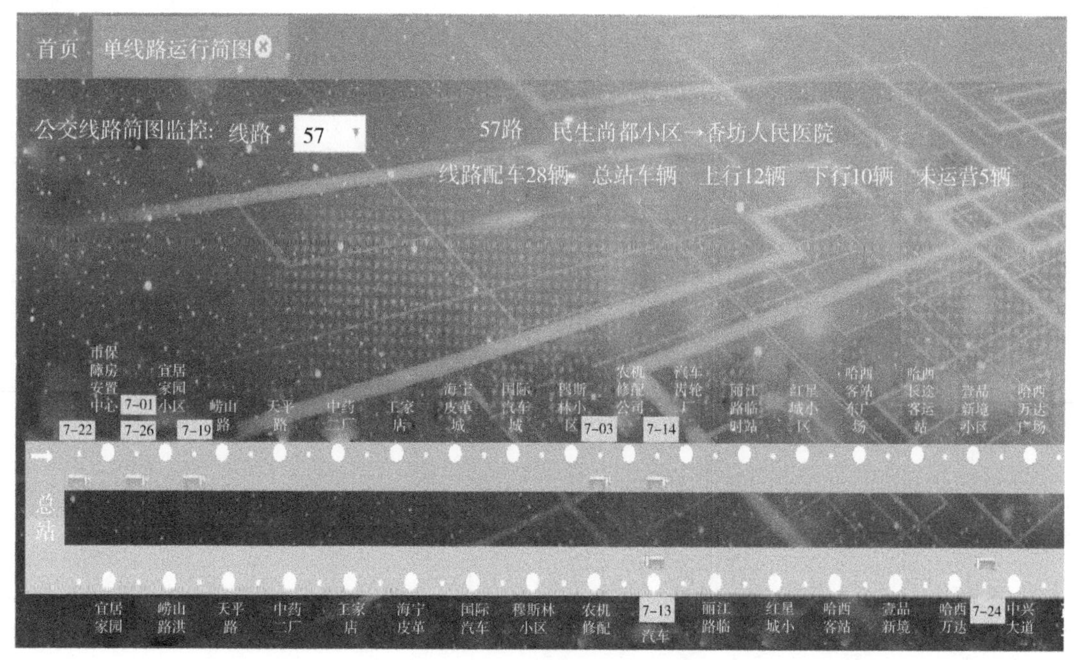

图 4-12　单线路运行简图

4.1.3.6　车辆运营状态

车辆运营状态监控见图4-13，主要功能为监控某一线路中各车辆的运营状态及运营时间，可以查询车辆在任何时间的运营状态。

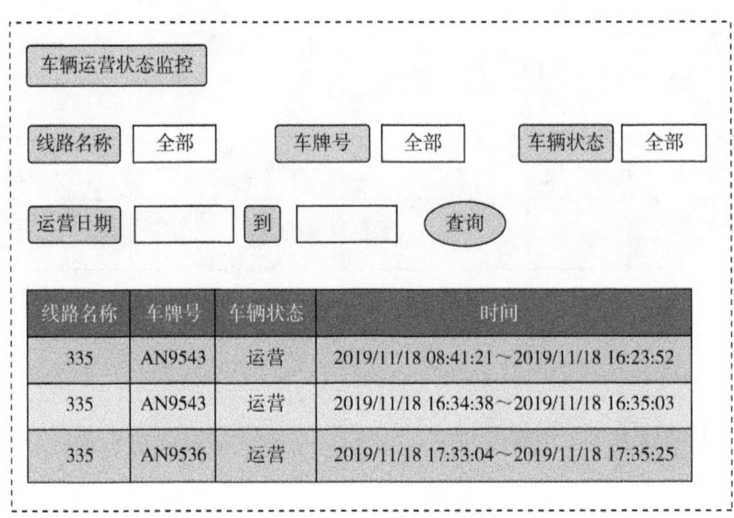

线路名称	车牌号	车辆状态	时间
335	AN9543	运营	2019/11/18 08:41:21～2019/11/18 16:23:52
335	AN9543	运营	2019/11/18 16:34:38～2019/11/18 16:35:03
335	AN9536	运营	2019/11/18 17:33:04～2019/11/18 17:35:25

图4-13　车辆运营状态监控

4.1.3.7　负荷度评价

负荷度评价可以评价半小时内的走廊负荷度。针对不同时间段的负荷度，可以在不同时段对公交车辆进行不一样的排班安排。走廊负荷度的计算公式为：半小时内走廊过车数/走廊最大容车数。图4-14为早晚高峰及平峰时间段内的负荷度，可以根据这些数据，对早晚高峰及平峰的排班进行优化。

负荷度评价

运营日期　　到　　查询

运营时间	负荷度	备注
8:00～8:30	80%	早高峰
8:30～9:00	78%	早高峰
10:00～10:30	45%	平峰
18:00～18:30	75%	晚高峰

图4-14　负荷度评价

4.1.3.8 车辆上下线记录

车辆上下线记录如图 4-15 所示，在这项功能中，可以对某一时间段内某一线路的车辆上下线记录进行统计，方便对各车辆进行实时监控及问题排查。

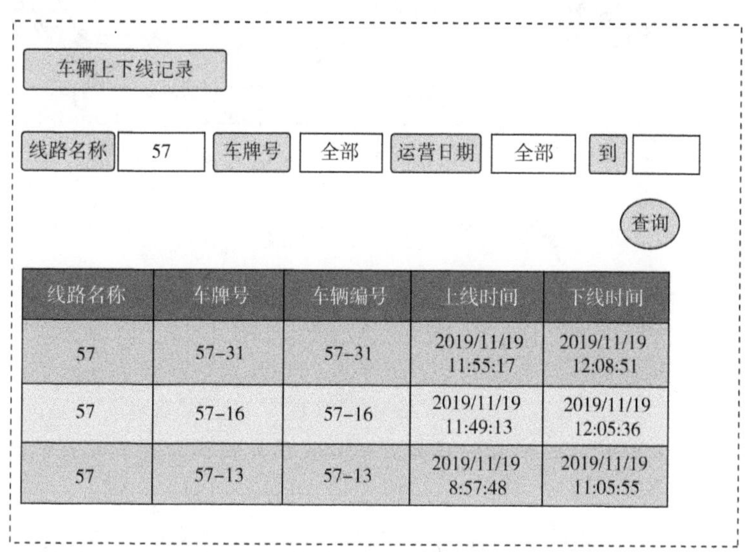

图 4-15 车辆上下线记录

4.1.3.9 停靠时间统计

对某一时间段内公交车在各站台的停靠时间进行统计，如图 4-16 所示，图中统计了一天中不同时间段公交走廊各站台公交车的平均停靠时间，可以清晰地看出各站台的公交车停靠时间长短，对站台的人流量预测有一定的作用。从图中可以看出，公交车在各站台的停靠时间有一定的规律性，早晨 8:00~9:00 以及下午 17:00~18:00 的停靠时间较长，说明这两个时间段内站台人流量较大，上下车人数较多，所以可以在这两个时间段对公交车进行合理的调度，从而缩短公交车的停靠时间。

4.1.3.10 换乘时间统计

首先对各站台换乘情况做总的统计，统计乘客在各站台的换乘次数，然后进行统计平均，计算出乘客在各站台的平均换乘时间，如表 4-1 所示。利用柱状图可以清晰地看出换乘强度最大的站点的换乘时间的详细分布情况，然后分析并解决问题。

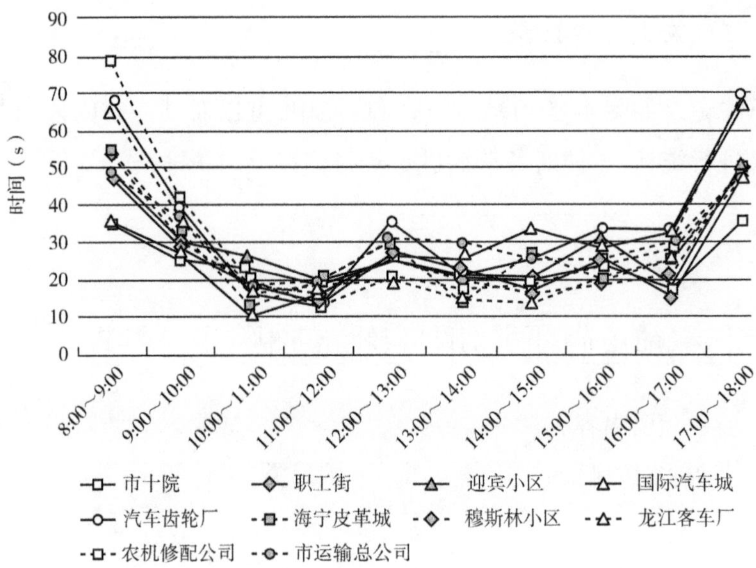

a）停靠时间统计

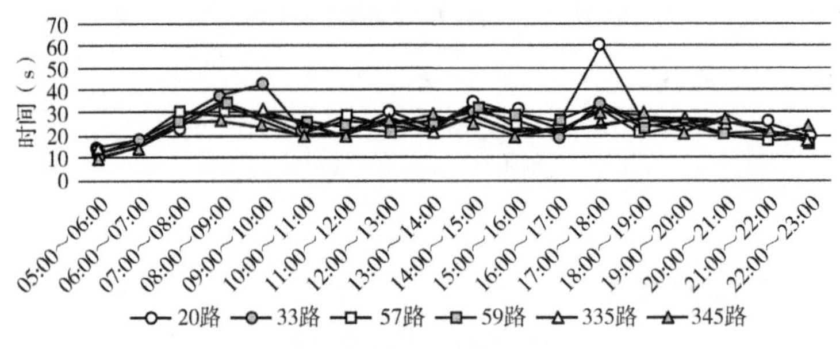

b）变兴路各线平均停靠时间统计

图 4-16　停靠时间统计

各站台总换乘次数统计　　表 4-1

换 乘 站 台	总换乘次数	平均换乘时间（min）
市十院	3	10
职工街	2	10
迎宾小区	5	13
客车厂	2	9
运输公司	1	10
齿轮厂	3	10
修配公司	2	9

续上表

换 乘 站 台	总换乘次数	平均换乘时间(min)
穆斯林小区	1	5
汽车城	1	8
皮革城	2	9

4.1.3.11　站台车流分布

图 4-17 对站台车流分布进行了统计,图中显示了车辆总数以及去程和回程车辆,并对各站台的警报情况用不同的颜色标注,可以很清晰地看出各站台的车流分布情况。

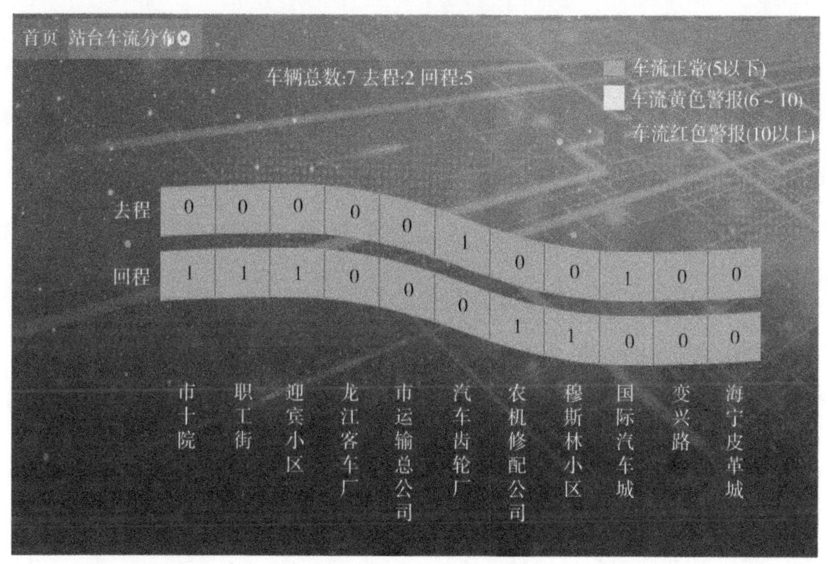

图 4-17　站间车流分布

4.1.4　运营秩序监控

运营秩序监控主要内容有首末班发车准点率、驾驶员调度服从率、发车数监控、发车间隔监控、车辆安全监控,目的是维持车辆运营的良好秩序。下面对各部分功能的详细内容做介绍。

4.1.4.1　首末班发车准点率

图 4-18 为首末班发车准点率统计情况,可以对某一运营时间段内某一线路的首末班发车准点率进行统计,并分析发车不准点的原因。

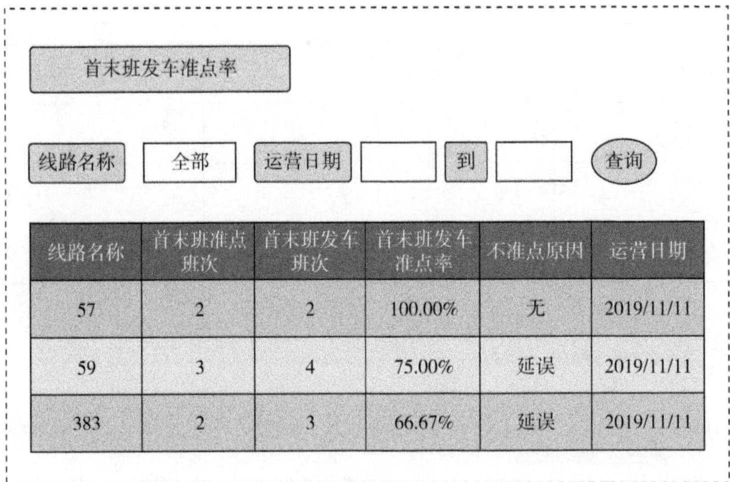

线路名称	首末班准点班次	首末班发车班次	首末班发车准点率	不准点原因	运营日期
57	2	2	100.00%	无	2019/11/11
59	3	4	75.00%	延误	2019/11/11
383	2	3	66.67%	延误	2019/11/11

图 4-18　首末班发车准点率

4.1.4.2　驾驶员调度服从率

图 4-19 为驾驶员调度服从率的记录表，记录的主要内容有调度发班时间与实际发班时间、允许时间差与实际时间差，最终判定驾驶员是否违规，利用记录的数据可以对公交车的调度进行优化。

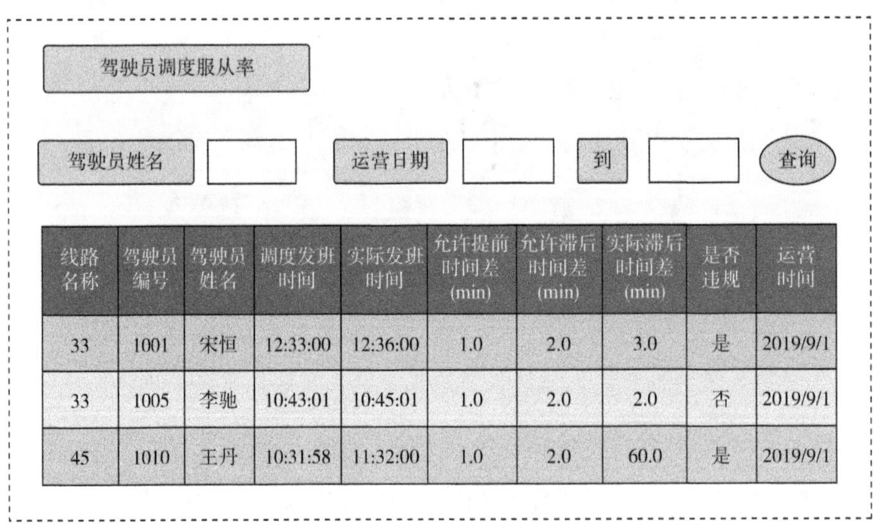

线路名称	驾驶员编号	驾驶员姓名	调度发班时间	实际发班时间	允许提前时间差(min)	允许滞后时间差(min)	实际滞后时间差(min)	是否违规	运营时间
33	1001	宋恒	12:33:00	12:36:00	1.0	2.0	3.0	是	2019/9/1
33	1005	李驰	10:43:01	10:45:01	1.0	2.0	2.0	否	2019/9/1
45	1010	王丹	10:31:58	11:32:00	1.0	2.0	60.0	是	2019/9/1

图 4-19　驾驶员调度服从率

4.1.4.3　发车数监控

发车数监控如图 4-20 所示，发车间隔监控如图 4-21 所示，通过对发车数和发车间隔的监控，可以对发车系统做一定的优化，比如增多或减少发车数、增大或缩小发车间隔等。

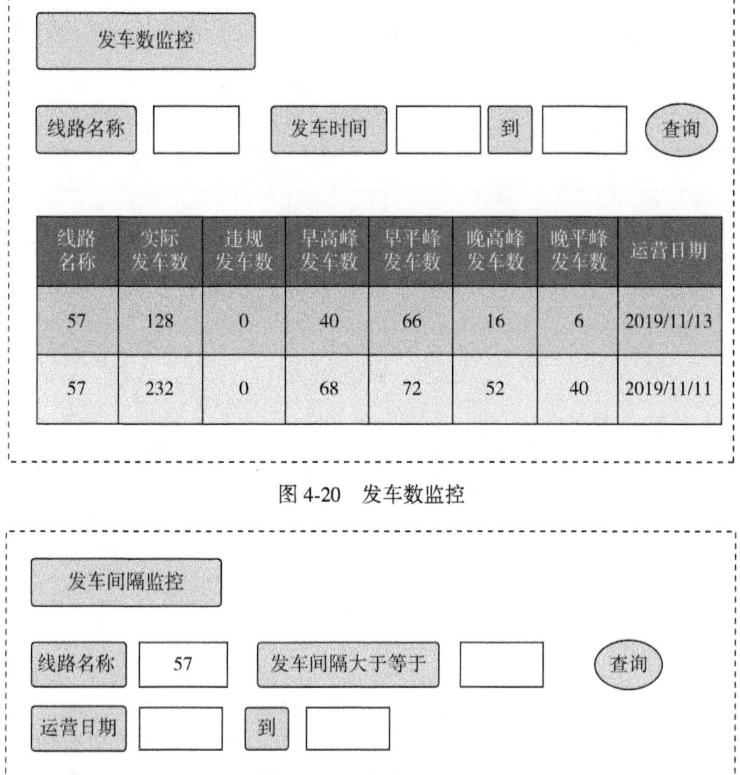

线路名称	实际发车数	违规发车数	早高峰发车数	早平峰发车数	晚高峰发车数	晚平峰发车数	运营日期
57	128	0	40	66	16	6	2019/11/13
57	232	0	68	72	52	40	2019/11/11

图 4-20　发车数监控

发车间隔监控

线路名称　57　发车间隔大于等于　查询

运营日期　到

线路名称	车辆牌号	发车时间	上班发车时间	发车间隔(min)	运营日期
57	57-32	2019/11/11 05:55:20	2019/11/11 05:50:34	5.0	2019/11/11
57	57-16	2019/11/11 06:02:16	2019/11/11 05:55:20	7.0	2019/11/11
57	57-20	2019/11/11 06:05:47	2019/11/11 06:02:16	4.0	2019/11/11

图 4-21　发车间隔监控

4.1.5　站台饱和度管理

4.1.5.1　站台秩序管理

在站台秩序管理中，主要收集的信息有站台名称、行驶方向、车牌号、车辆编号、停靠时间、运营时间，可以对车辆在站台的停靠时间做统计分析，获取站台信息，如图 4-22 所示。对 59 路在一天内的平均停靠时间进行统计，如图 4-23 所示。红色柱状表示在此时间段内车辆停靠时间较长，可以针对特定情况做一定优化；黄色柱状表示虽然在规定停靠时间之内，但是会有异常滞站的可能性，需要做好车辆调度准备；绿色柱状则表示在此时间段内公交车停靠时间符合规定，可以适当优化排班计划，做到资源利用的最大化。

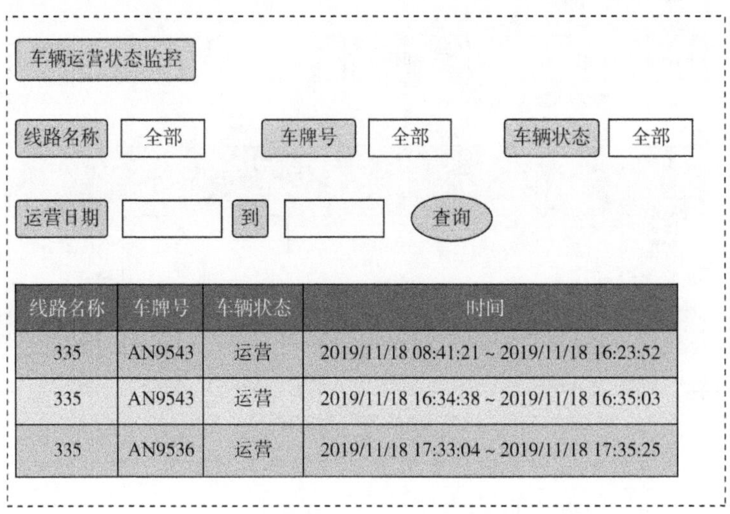

图 4-22　站台秩序管理

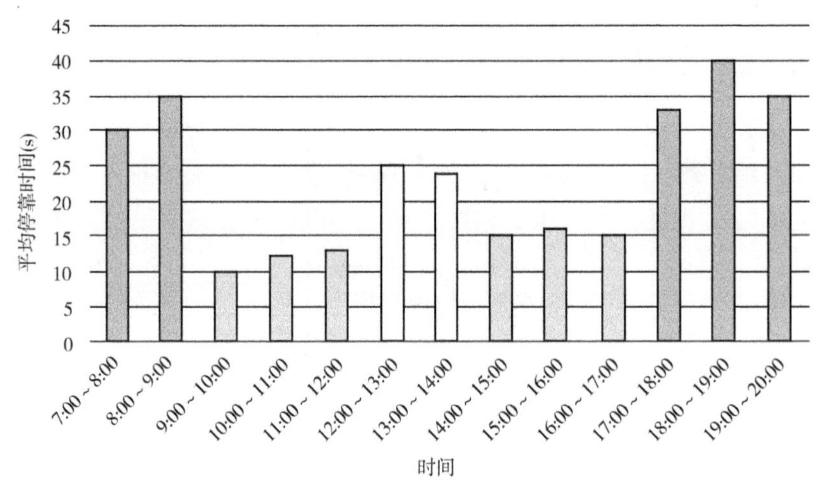

图 4-23　59 路平均停靠时间统计

4.1.5.2　站台饱和度阈值设置及监控

站台饱和度监控是通过检测经过各站台的车辆数，并根据设置的站台饱和度阈值对车辆数进行数据分析，以此来确定发车计划是否合理。站台饱和度阈值设置如图 4-24 所示。

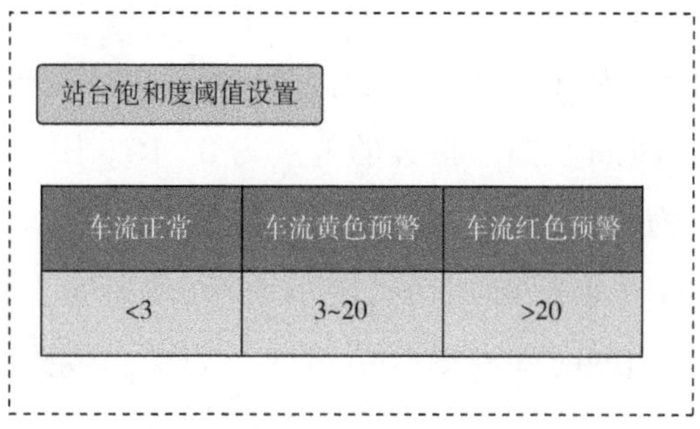

图 4-24　站台饱和度阈值设置

为站台设置饱和度阈值，对经过站台的车辆数进行分析，确保排班的合理性，减少车流红色报警的情况。站台容量饱和度监控列表如图 4-25 所示。

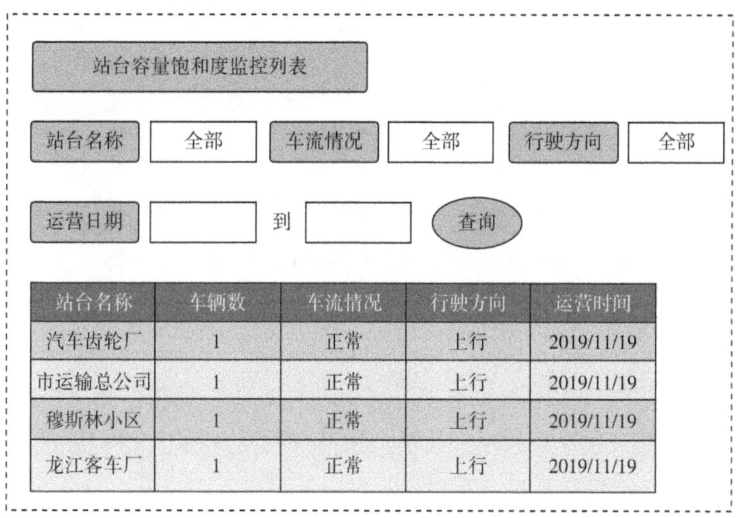

图 4-25　站台容量饱和度监控

4.1.6　走廊运行状态分析与评价

走廊运行状态分析与评价的主要内容为走廊运行状态分析、道路与公交运行速度对比分析、行程速度、交通拥堵指数、平均行车延误，进行分析并做出相应的评价处理，为进一步优化处理进行铺垫。

4.1.6.1　走廊运行状态分析

走廊运行状态分析主要内容为全天拥堵指数变化、走廊运行速度，可以从中看出全天的拥堵情况以及道路的运营情况，根据得出的数据，对走廊公交车辆在不同时段的运行进行优化。

(1)全天拥堵指数变化

全天拥堵指数计算公式为:(当前班次运行时间-一年内普通班次最快运行时间)/一年内普通班次最快运行时间。拥堵指数的范围为0~10。图4-26中给出了两天内的拥堵指数变化情况,可以为优化调度提供数据支持。比如可以在工作日早高峰或者晚高峰进行车辆调度;而周末早晚高峰拥堵情况不明显,但是晚上出行人数较多,可以在晚上进行车辆调度。在不同的时间根据拥堵情况对公交车辆进行合理的调度,充分利用资源。

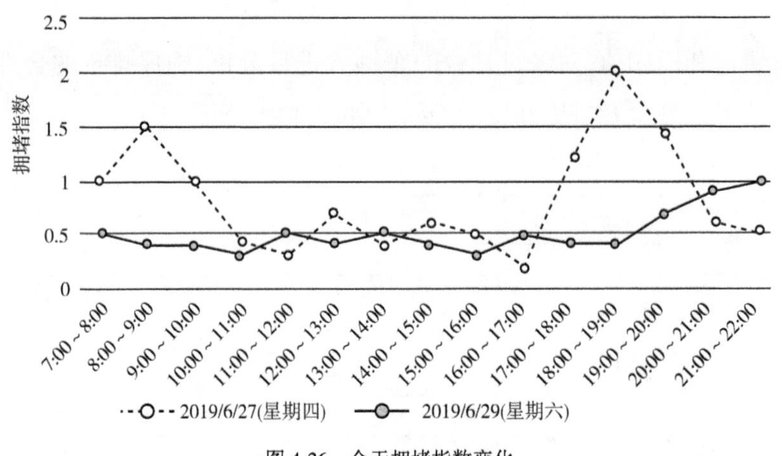

图4-26 全天拥堵指数变化

(2)走廊运行速度对比

图4-27为走廊在两天内运行速度的对比图,可看出两天内不同时间的运行速度有很大的差别,据此可以有效分析走廊内车流量。

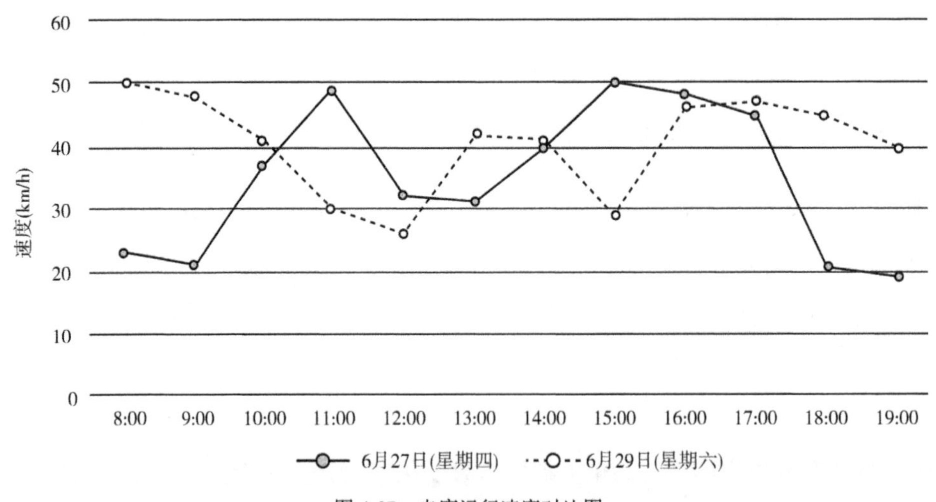

图4-27 走廊运行速度对比图

4.1.6.2　道路与公交运行速度对比分析

图 4-28 为道路与公交运行速度对比图，按小时统计，由此可以分析公交运行速度低于道路运行速度的原因，解决这一问题，以吸引更多的市民选择公共交通的方式出行。

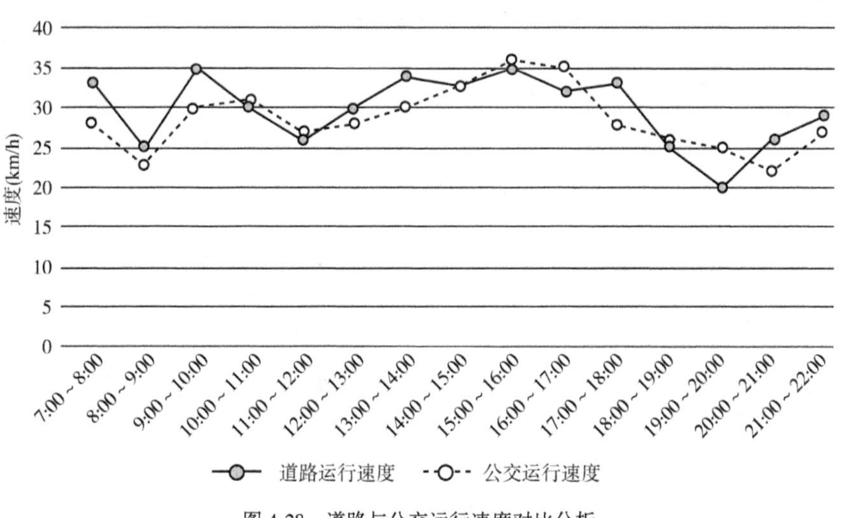

图 4-28　道路与公交运行速度对比分析

4.1.6.3　行程速度

图 4-29 为各线路车辆行程速度，行程速度为行驶路程与行驶时间之比。不同的行车速度是由于不同的道路拥堵情况而出现的。若行驶速度低于 10km/h，则视为道路拥堵。

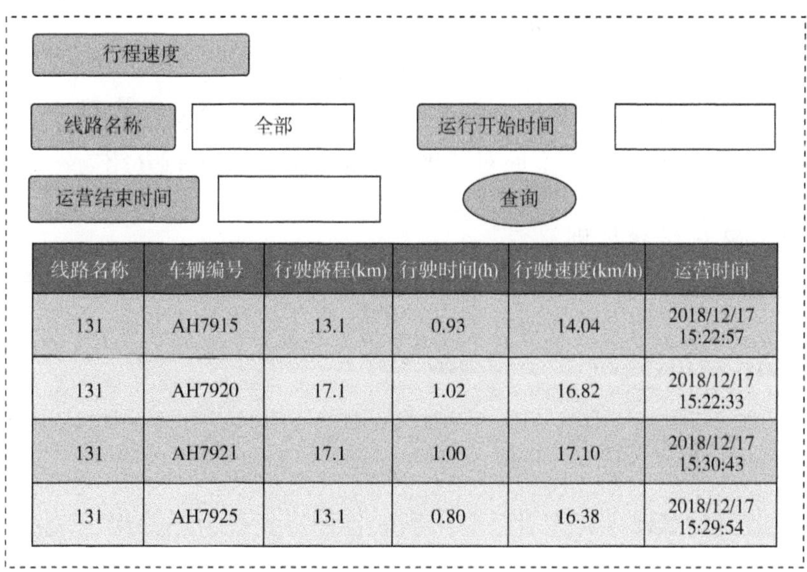

线路名称	车辆编号	行驶路程(km)	行驶时间(h)	行驶速度(km/h)	运营时间
131	AH7915	13.1	0.93	14.04	2018/12/17 15:22:57
131	AH7920	17.1	1.02	16.82	2018/12/17 15:22:33
131	AH7921	17.1	1.00	17.10	2018/12/17 15:30:43
131	AH7925	13.1	0.80	16.38	2018/12/17 15:29:54

图 4-29　行程速度

4.1.6.4 平均行车延误

由于交通拥堵,所以在运营时间内会出现不同程度的行车延误,图4-30所示为查询任一线路在某一运营时间内的总延误时间及总延误班车。

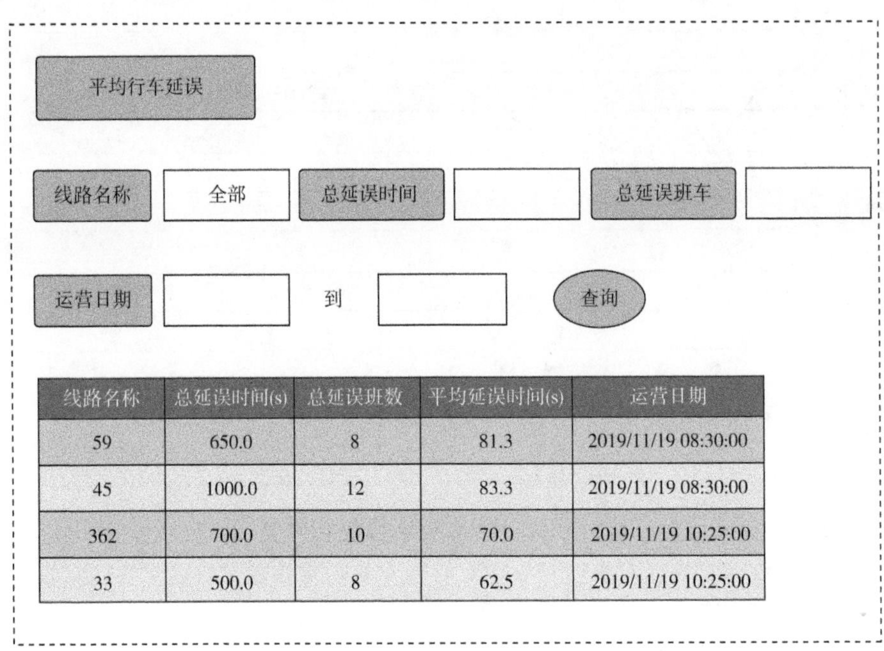

线路名称	总延误时间(s)	总延误班数	平均延误时间(s)	运营日期
59	650.0	8	81.3	2019/11/19 08:30:00
45	1000.0	12	83.3	2019/11/19 08:30:00
362	700.0	10	70.0	2019/11/19 10:25:00
33	500.0	8	62.5	2019/11/19 10:25:00

图4-30 平均行车延误

4.1.7 规则与策略管理

公交走廊管理中还要对系统中其他子功能的规则与策略进行管理,目的是为了制定一系列的标准,统一进行管理。下面对各项功能的具体规则进行介绍。

4.1.7.1 路权保护规则

路权保护规则的具体内容为对社会车辆的各种违规行为进行规定,路权保护规则列表见图4-31。

4.1.7.2 停靠秩序规则

停靠秩序规则的具体内容为对公交车辆的各种违规行为进行规定,停靠秩序规则见图4-32。

路权保护规则列表

廊道名称	起草人	起草日期	是否启用	关键字	系统值	描述	关键字描述	操作
新阳路廊道	hjc	2019/10/9	是	Corridorcode	00	进入廊道即违规	路权保护规则	查看 修改 删除
新阳路廊道	hjc	2019/10/9	是	Corridorcode	01	压线即违规	路权保护规则	查看 修改 删除
新阳路廊道	hjc	2019/10/9	是	Corridorcode	02	在廊道行驶一段距离即违规	路权保护规则	查看 修改 删除

图 4-31　路权保护规则列表

停靠秩序规则列表

廊道名称	起草人	起草日期	是否启用	关键字	系统值	描述	关键字描述	操作
新阳路廊道	hjc	2019/10/9	是	Violationcode	00	驶入违章	违规类型	查看 修改 删除
新阳路廊道	hjc	2019/10/9	是	Violationcode	01	并排停靠	违规类型	查看 修改 删除
新阳路廊道	hjc	2019/10/9	是	Violationcode	02	超越停车线停靠	违规类型	查看 修改 删除
新阳路廊道	hjc	2019/10/9	是	Violationcode	04	滞后停车线停靠	违规类型	查看 修改 删除

图 4-32　停靠秩序规则列表

4.1.7.3　抓拍违章现场策略

抓拍违章现场策略是对社会车辆的各种违规现象抓拍，规定了需要抓拍的类型，如图 4-33 所示。

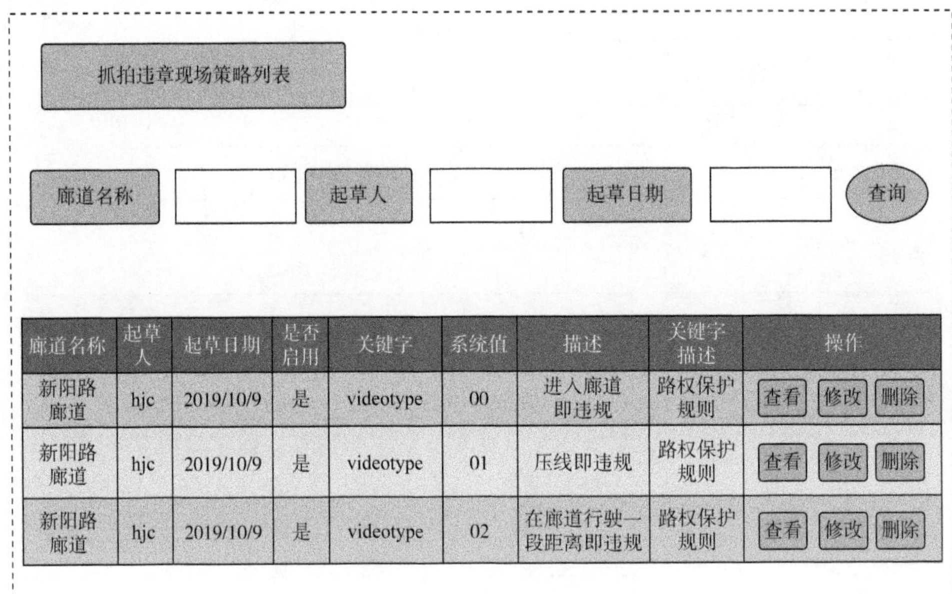

图 4-33　抓拍违章现场策略

4.1.7.4　程序升级策略

程序的升级是根据设定的程序升级策略进行的,图 4-34 是对程序升级策略具体内容的描述。

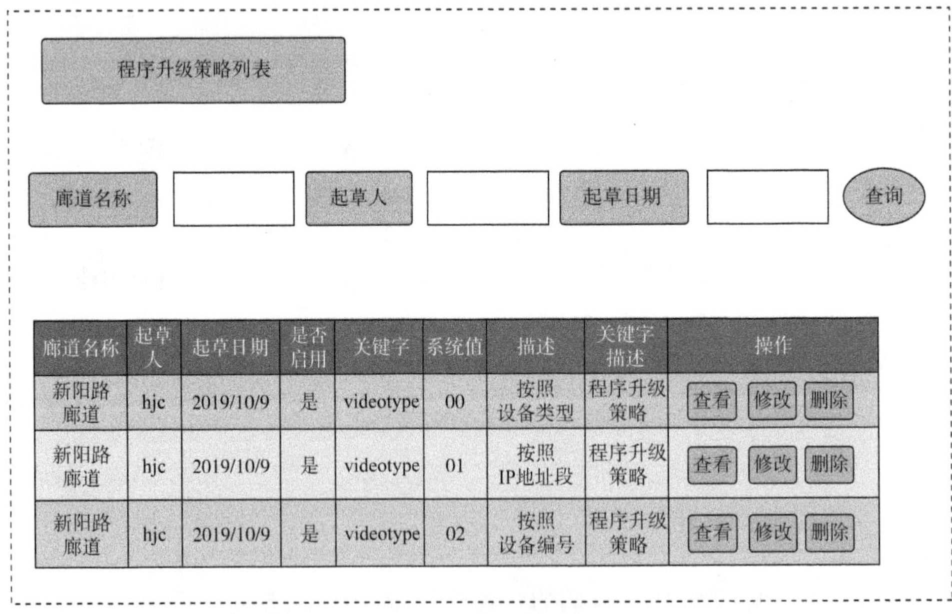

图 4-34　程序升级策略

4.1.7.5　信号优先机制

信号优先机制是根据信号优先的不同方法指定的，图 4-35 是信号优先的几种不同类型的具体内容。

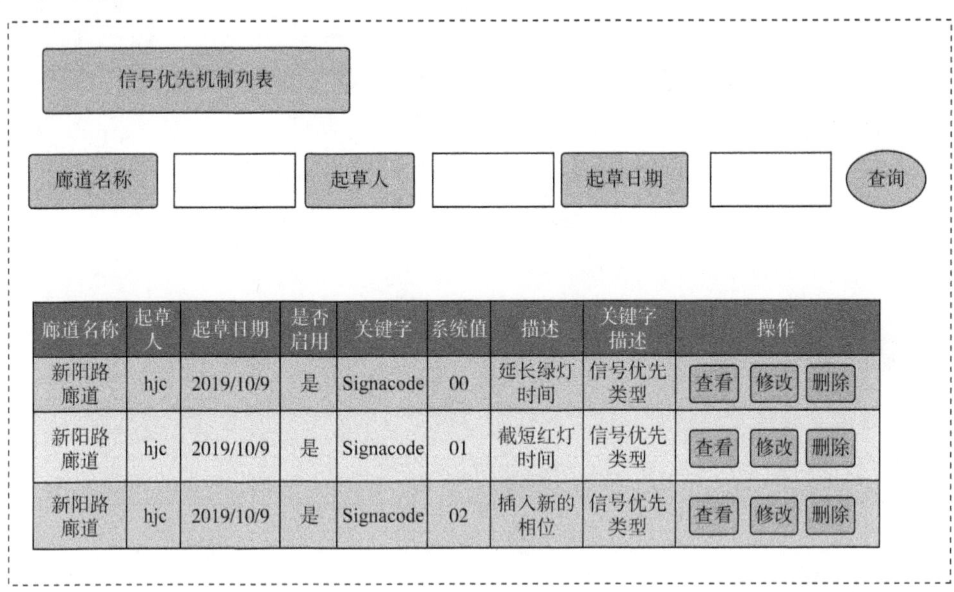

廊道名称	起草人	起草日期	是否启用	关键字	系统值	描述	关键字描述	操作
新阳路廊道	hjc	2019/10/9	是	Signacode	00	延长绿灯时间	信号优先类型	查看 修改 删除
新阳路廊道	hjc	2019/10/9	是	Signacode	01	截短红灯时间	信号优先类型	查看 修改 删除
新阳路廊道	hjc	2019/10/9	是	Signacode	02	插入新的相位	信号优先类型	查看 修改 删除

图 4-35　信号优先机制列表

4.1.7.6　信息发布策略

信息的发布是根据信息发布策略进行的，图 4-36 为几种不同的信息发布策略。

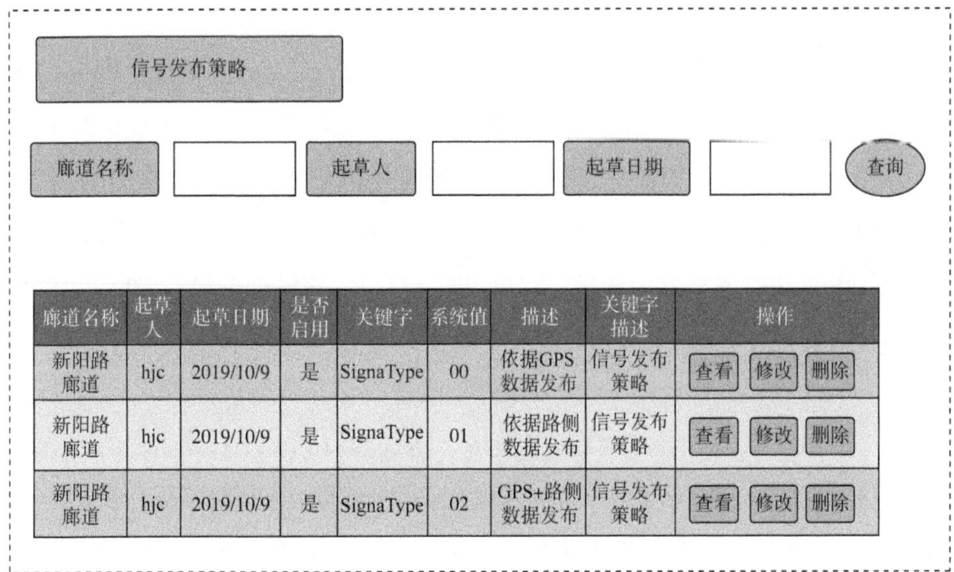

廊道名称	起草人	起草日期	是否启用	关键字	系统值	描述	关键字描述	操作
新阳路廊道	hjc	2019/10/9	是	SignaType	00	依据GPS数据发布	信号发布策略	查看 修改 删除
新阳路廊道	hjc	2019/10/9	是	SignaType	01	依据路侧数据发布	信号发布策略	查看 修改 删除
新阳路廊道	hjc	2019/10/9	是	SignaType	02	GPS+路侧数据发布	信号发布策略	查看 修改 删除

图 4-36　信息发布策略

4.1.7.7 信号优先策略

信号优先策略有相对优先和绝对优先，如图 4-37 所示。根据不同车辆以及不同情况的优先请求，应当采取不同的信号优先策略。

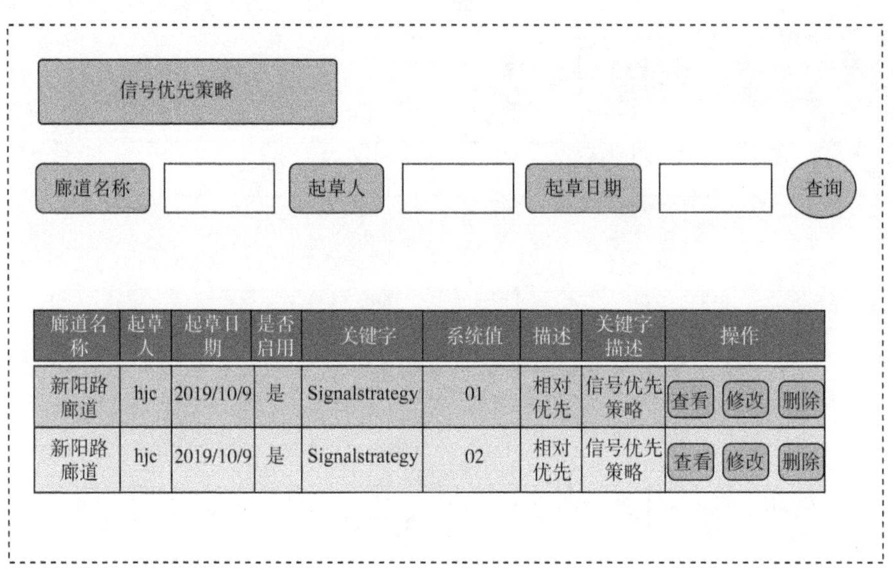

图 4-37　信号优先策略

4.2 公交协同调度

随着城市交通拥堵问题的日益加重，以公交车为主的公共交通工具逐渐成为解决大中城市交通问题的主要解决方案。通过将城市的公交线路部分路段构成简单的换乘网络，进行客流统计，运用理论模型对交通流量进行分析[10]，可以提高公交的利用效率，缓解公交运量和运力之间的矛盾。构建以乘客候车时间成本最小为目标的系统模型，以各线路首班车发车时刻的调整值为变量，建立调度时刻表优化模型。最后，通过求解模型在不同发车间隔下的优化算法，经分析比较得到优化的调度时刻表。

根据以上所得的相关优化结果，可以更好地实现对公交走廊线路的实时调度管理，利用车载设备上传的数据(车内的客数据)、站台上传的数据(站台上等候车的人数)、路口上传的数据(路口排队长度、等候时间)、互联网的路况数据(道路通行能力)，对这些大数据进行智能分析，根据分析结果精准发大站快车、干线车辆、支线车辆、短线车辆，为市民出行提供快捷方便的服务。

下面对公交协同调度系统功能做详细介绍。

4.2.1　各线路路线图

在实际应用的公交协同调度系统中，首先要有经过此公交走廊的各线路路线图，如图4-38所示。图中加粗标记的路线即为公交走廊实例——新阳路走廊，细线标记的路线即为经过此公交走廊的每一条公交线路。

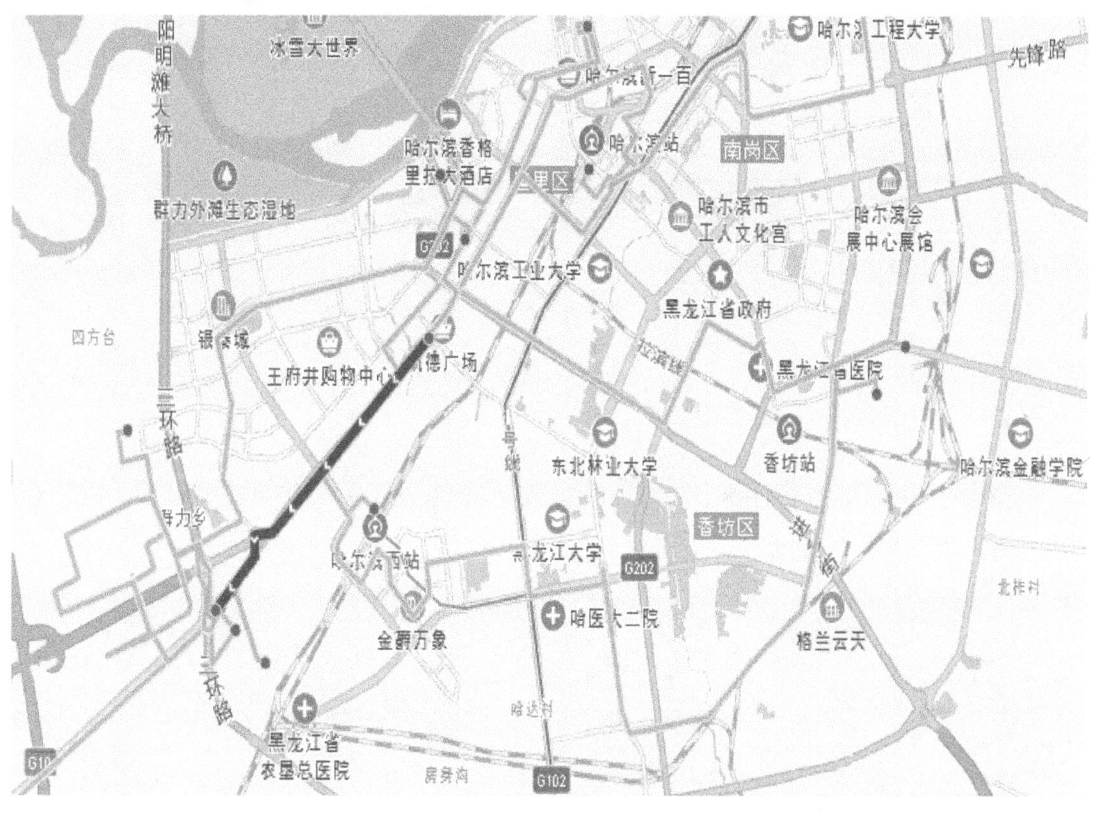

图4-38　各线路路线图

4.2.2　线路调度

在线路调度中，主要功能有安排干支线协同调度和查看各公交线路配车简图，通过此功能，可以及时对公交车进行调度，减少市民出行的等待时间。

4.2.2.1　调度

在调度功能（图4-39）中，可以对公交车进行干线和支线的调度，以更高效地完成发车任务。

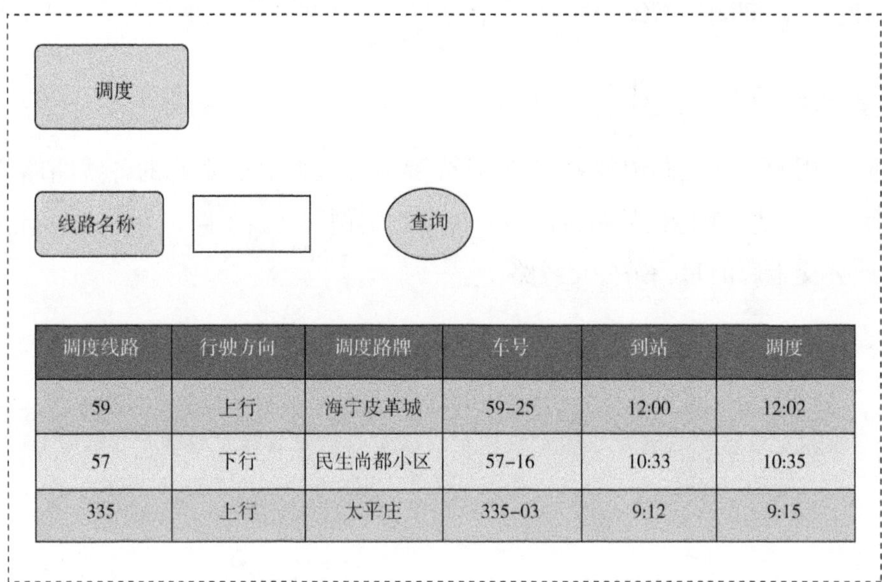

调度线路	行驶方向	调度路牌	车号	到站	调度
59	上行	海宁皮革城	59-25	12:00	12:02
57	下行	民生尚都小区	57-16	10:33	10:35
335	上行	太平庄	335-03	9:12	9:15

图 4-39　调度

4.2.2.2　线路车辆监控图

在线路车辆监控图(图 4-40)中,可以看到各线路中各车辆的状态,方便协同调度,有利于高效完成车辆调度任务。

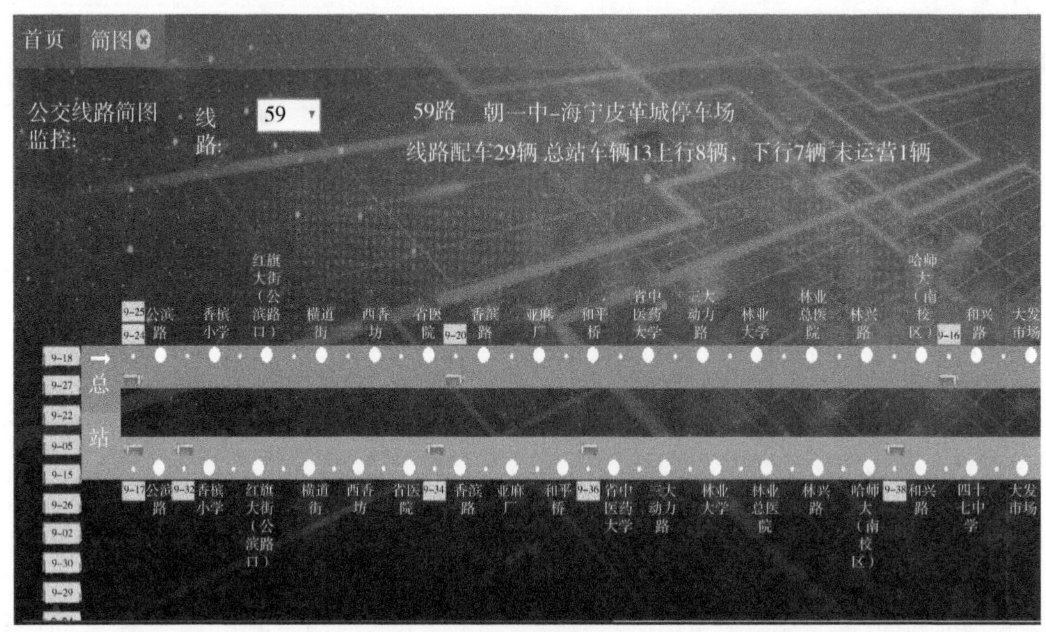

图 4-40　线路车辆监控图

4.2.3　行车计划

排班计划(图4-41)的主要功能为对各线路在某一段时间的车辆自编号、车辆大牌号、行驶方向、站点数以及计划发车时间进行规划,这项功能可以提前安排各线路的公交车运营,有利于公交系统的高效运营。

排班计划

线路名称	59	开始日期		结束日期		查询

线路名称	车辆自编号	车辆大牌号	行驶方向	站点数	计划发车时间
59	59-29	黑AP5629	上行	30	2019/11/20 15:40:00
59	59-27	黑AP5690	上行	30	2019/11/20 15:30:00
59	59-26	黑AP5689	上行	30	2019/11/20 15:20:00
59	59-20	黑AP5759	上行	30	2019/11/20 15:10:00

图4-41　排班计划

4.2.4　查询统计

可以对各线路在某一段运营时间内电子路单进行查询,电子路单将车辆自编号、行驶方向、开始时间以及结束时间等内容进行记录,方便主管部门查询,如图4-42所示。

4.2.5　GIS系统

GIS系统主要功能有查询线路信息、车辆信息以及回放轨迹,可以对各线路状态进行实时监控,方便线路及车辆的管理。

4.2.5.1　线路监控

图4-43为走廊中某一条线路的实时监控,可以监控线路中公交车的实时位置以及上下行车辆数,可以根据此信息进行公交车协同调度。

电子路单

线路名称　全部　开始日期　　结束日期　　查询

线路名称	车辆自编号	行驶方向	开始时间	结束时间	操作
383	383-06	上行	2019/11/19 12:12:50	2019/11/19 12:13:55	
57	57-13	下行	2019/11/19 12:12:16	2019/11/19 12:16:09	
57	57-36	上行	2019/11/19 12:12:12	2019/11/19 12:13:53	
59	59-17	上行	2019/11/19 12:09:47	2019/11/19 12:17:32	

图 4-42　电子路单

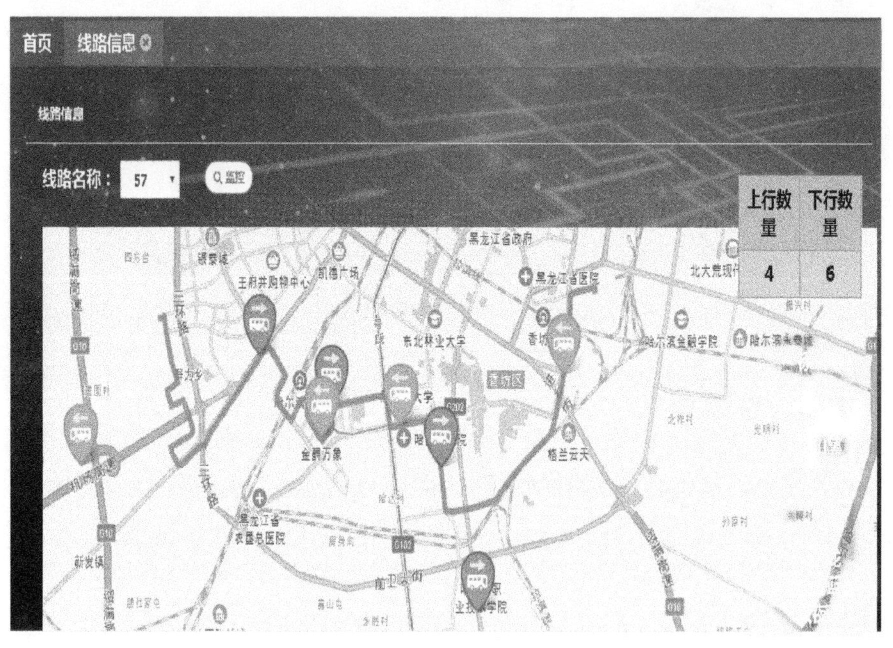

图 4-43　线路监控

4.2.5.2　车辆监控

图 4-44 为对某一条公交线路的某一辆公交车的运行路线的监控，可以判断公交车的运营状态，包括行驶路线是否正确、车辆行车是否安全等，根据对公交车辆的监控，可以对公交车进行及时调度。

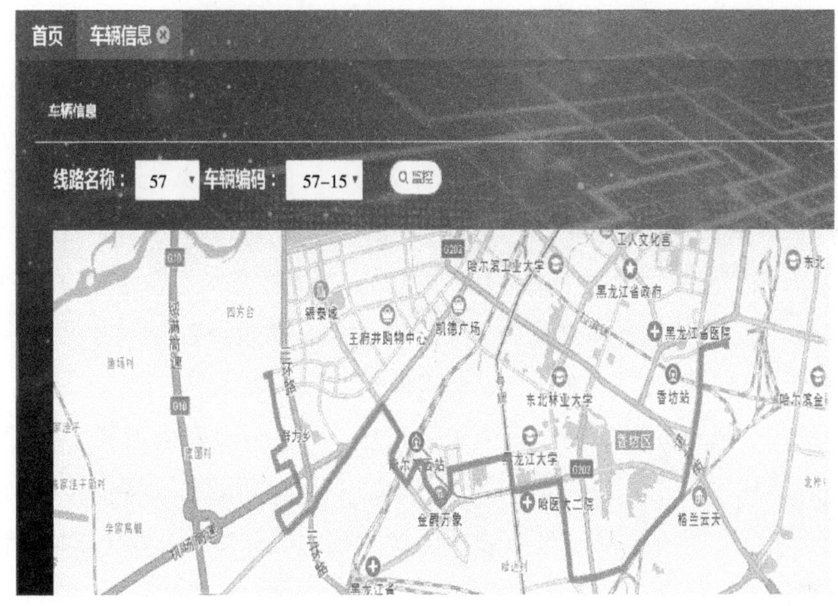

图 4-44　车辆监控

4.2.5.3　轨迹回放

图 4-45 为 GIS 系统的轨迹回放功能，此功能可以将公交车在运营时间内的运行轨迹进行回放，利用公交车所在的经度和纬度对公交车的运行位置进行分析，判断公交车是否正常运营。

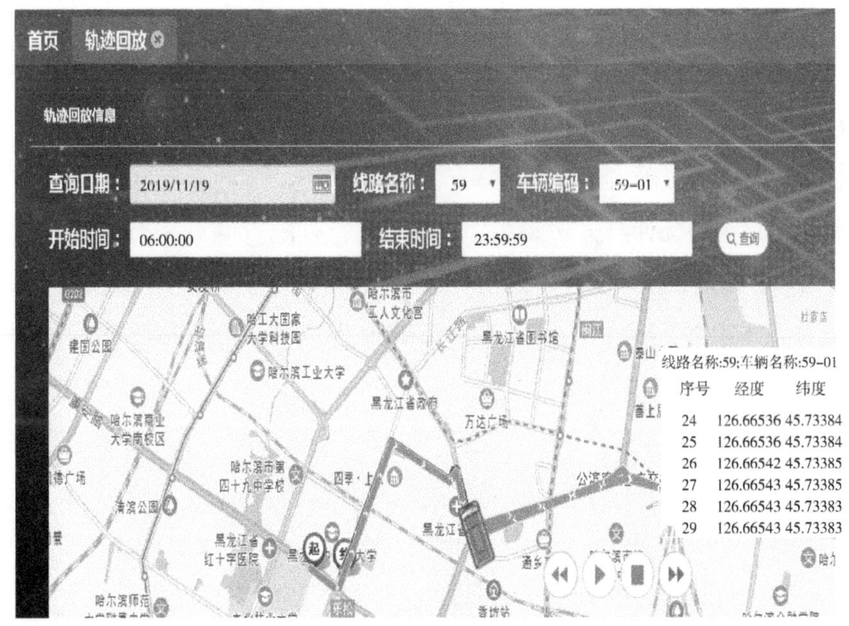

图 4-45　轨迹回放

4.3 客流统计与分析

随着城市人口的增长,很多城市都面临着交通出行问题,公共交通亟须改善。为了满足居民的出行需求,许多城市采取措施进行资源配置和优化。因此,如何优化公共交通资源配置,已成为城市交通管理面临的难题。近年来,随着数据对运营系统决策和优化的重要性不断提高,公交客流统计数据成为公交运营中的一项重要数据。针对当前公交客流统计的需求,可以设计两种适合公交车运行环境的客流采集系统。

第一种是基于视频分析的公交客流采集系统[11],目标检测采用梯度直方图检测算法,目标跟踪采用跟踪—学习—检测的算法。基于视频分析的公交客流统计与分析系统可以实时上报各公交车内的客流量,调度中心优化配置公交布局及调度车辆,为城市管理者运营决策提供智能化支持。

第二种是基于移动 Wi-Fi 的公交客流采集系统[12]。当前,手机等智能终端已经成为信息交互中心,通过 Wi-Fi 探针技术可以探测周围装有 Wi-Fi 模块的移动终端设备数量。通过在公交车辆上部署 Wi-Fi 探针设备,利用算法区分车内车外移动设备,实现对公交车辆实时客流精准检测,对公交线网规划、车辆智能调度、公交信息服务、公交大数据分析等提供数据支撑和信息服务。

基于移动 Wi-Fi 的公交客流检测系统包括车载部分、智能处理模块及信息平台三部分。通过采用一定的数据分析与处理方法,可准确获取各公交线路相邻站点之间的实时客流数据,为优化公交系统和改进服务能力提供有力的数据支持。其中难点在于如何区分公交车内外移动设备,如果周边移动设备过多,将会影响检测精度。结合移动过程中设备识别,开展周期性检测,再加以算法分析,准确率将提高,成为一种高效的公交客流检测手段。

在实际运营的客流统计与分析系统中,主要功能有配置满载率、通道客流统计、线路客流统计、早晚高峰断面客流统计、站台客流统计。进行客流统计的目的进一步完善公交运营系统,在资源利用率最大化的情况下尽可能地为市民出行提供更优质的服务。下面对客流统计详细功能做介绍。

4.3.1 配置满载率

客流统计与分析系统应配置满载率,如图 4-46 所示,额定人数可设置为 80,当满载率不超过 80%时为正常状态,当满载率不低于 80%且小于 95%时发出黄色预警,当满载率大于等于 95%时发出红色预警。配置满载率可以直接通过颜色识别通道、线路及站台的客流量等信息，对于满载率较高的通道、线路及站台，可以及时采取一定的措施（如协同调度等），缓解系统压力。

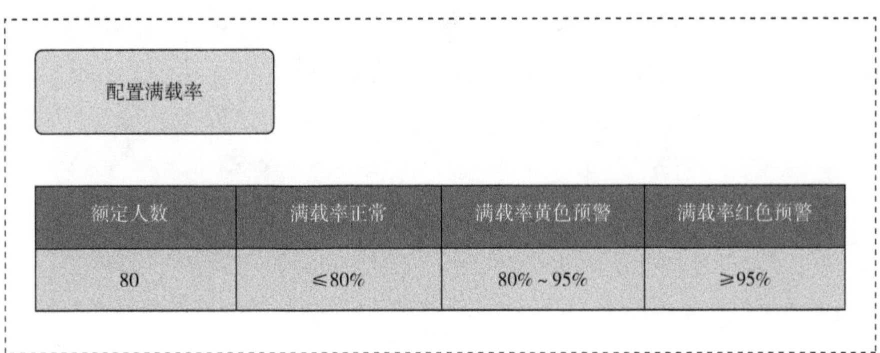

额定人数	满载率正常	满载率黄色预警	满载率红色预警
80	≤80%	80%~95%	≥95%

图 4-46 配置满载率

4.3.2 通道客流统计

通道客流统计功能可以用于查询在运营时间内特定行驶方向哪条线路中哪辆公交车在哪个站台出现了满载率高的问题，及时解决问题，以便公交车正常运行。图 4-47 详细说明了通道客流统计的内容。

通道客流

行驶方向 满载率大于等于

运营日期 到 预警类型 查询

车辆编号	行驶方向	路线名称	站台名称	上客数量	下客数量	当前载客数	满载率	预警类型	运营时间	操作
57-23	上行	57	农机修配公司	2	3	40	50%	正常	2019/11/13 10:20:00	调度
33-13	上行	33	穆斯林小区	10	3	70	88%	黄色预警	2019/11/13 17:30:00	调度
57-27	上行	57	海宁皮革城	15	6	78	97%	红色预警	2019/11/13 18:40:00	调度

图 4-47 通道客流

4.3.3 线路客流统计

图 4-48 所示是线路客流统计的详细内容。线路客流统计的主要功能是统计运营时段各线路的满载率。如果预警类型为红色,则应该进行进一步处理,保证线路畅通。

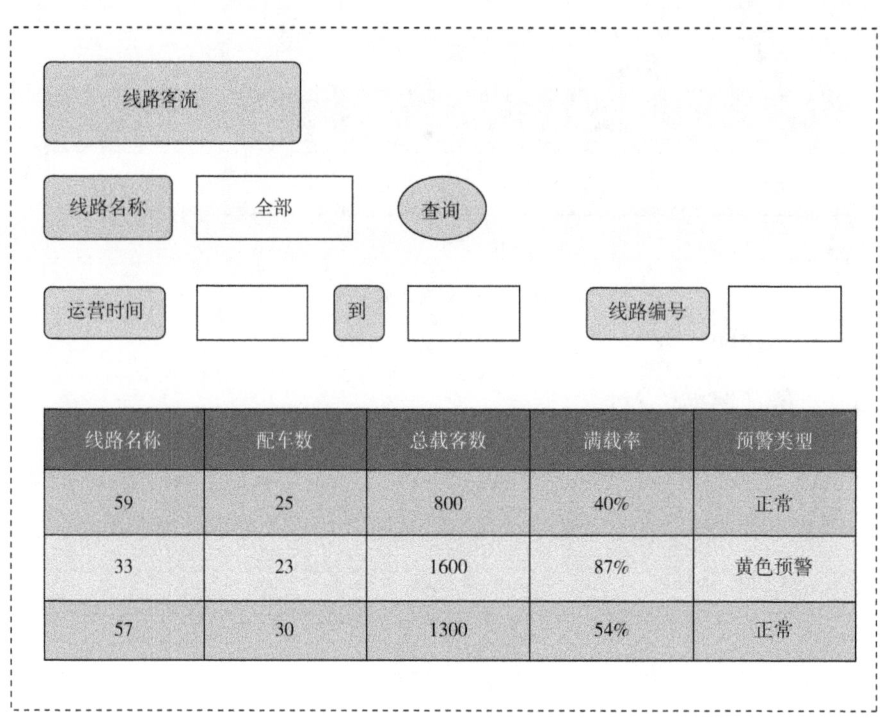

图 4-48　线路客流

4.3.4 早晚高峰断面客流统计

图 4-49 所示是早晚高峰断面客流的统计与分析,在相同站台统计载客数,判断公交车是否超载。在早晚高峰时期,客流量较大,所以有必要对客流进行统计与分析,防止出现拥堵等现象,并以大数据优化公交车排班计划。

4.3.5 站台客流统计

在客流统计与分析系统中,站台客流统计是必不可少的一项重要内容。图 4-50 是对走廊各站台一个月内客流量的整体统计。在站台客流统计功能中,还可以对特定站台不同时段的客流量进行分析,经过对站台客流的统计,可以优化走廊站台的分布,如客流较少的地方应该以较长的间距设置站台,而客流较多的地方应该以较短的间距设置站台,分散客流量，避免站台客流量太大而造成交通拥堵以及乘客延误乘车等问题；并且可以在客流量较大的枢纽站以及始发站实行温暖候车方案，方便市民的出行。

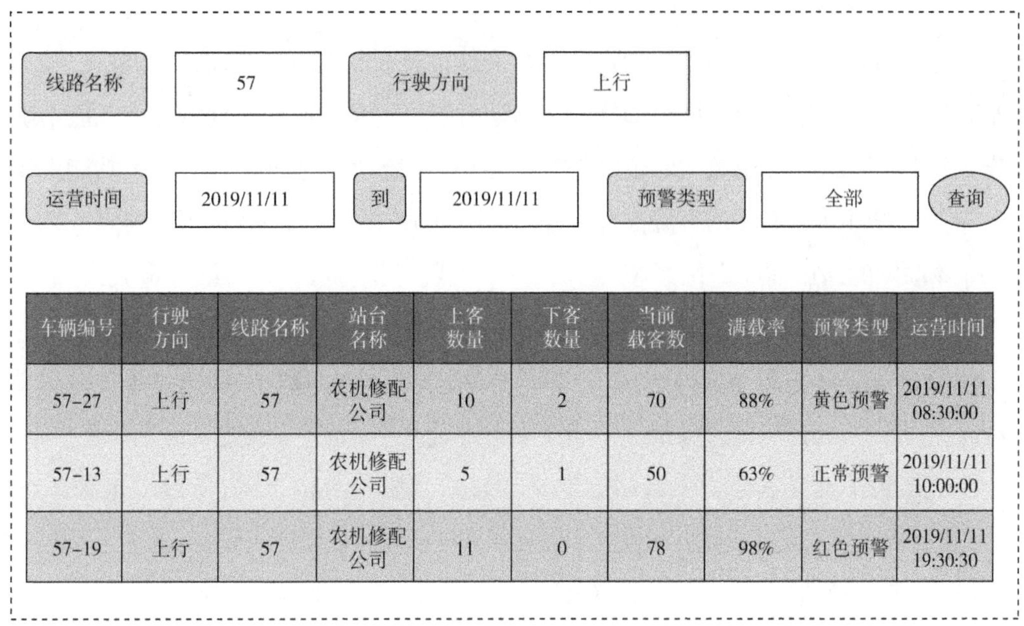

车辆编号	行驶方向	线路名称	站台名称	上客数量	下客数量	当前载客数	满载率	预警类型	运营时间
57-27	上行	57	农机修配公司	10	2	70	88%	黄色预警	2019/11/11 08:30:00
57-13	上行	57	农机修配公司	5	1	50	63%	正常预警	2019/11/11 10:00:00
57-19	上行	57	农机修配公司	11	0	78	98%	红色预警	2019/11/11 19:30:30

图 4-49　早晚高峰断面客流

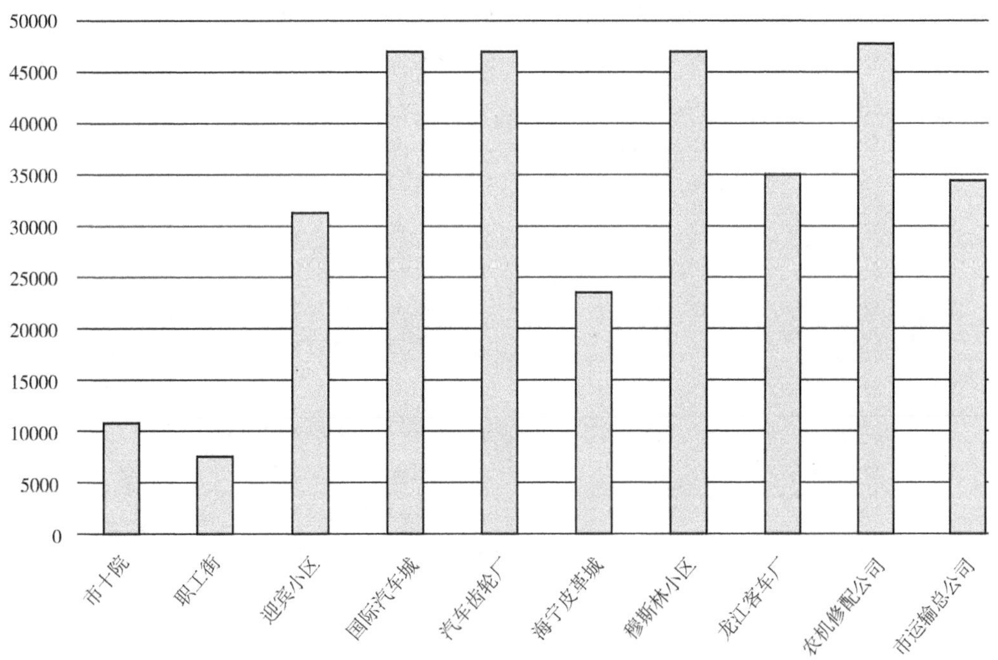

图 4-50　站台客流统计（人）

4.4 WSN 设备管理系统

依靠先进的无线通信技术(如 ZigBee 技术),可以实现公交车辆的实时状态监测、远程控制调度以及公交场站内的定位功能,即使是在高架桥下或卫星导航信号弱的地方也能精确地定位公交车辆的位置,把车辆的实时位置信息发给报站系统、信息发布系统。以上功能提高了公交运行效率,减少了不必要的资源浪费,并且为市民方便快捷的出行提供了准确信息保障。

基于物联网的站点辅助定位系统[13],具有成本低、可靠、时延短、网络容量大、安全等特性,是一种智能公交的解决方案,集成了物联网通信与感知、低功耗片上系统、智能交通传感器、短距离无线通信等技术,实时采集客流、车内环境、车辆运行等数据,并通过与车内互联网系统对接,把数据实时传输到后台系统,为用户提供信息服务,提升公共交通服务水平。

由于高架桥下或者其他桥下区域的卫星导航信号质量急剧下降,所以在走廊系统的设计中,利用物联网进行站点辅助定位是一项必要内容。在 WSN 管理系统中,主要功能有 WSN 车载节点及路侧设备的管理、WSN 节点状态监控、WSN 设备在线升级。

4.4.1 WSN 车载节点管理

利用 WSN 车载节点和 WSN 路侧设备之间的无线通信,可以准确进行站台的准确定位。图 4-51 是 WSN 车载节点的管理列表,进行 WSN 车载节点的有效管理是进行无线定位的基础工作。

WSN车载节点

车载节点编号 | 车辆编号 | 查询

录入时间	机构名称	线路名称	车载节点编号	车载总端编号	车辆编号	状态	操作
2018/12/13	飞翼客运有限责任公司	57	120215	23AL2393	AL2393	已发行	查看
2018/9/3	飞翼客运有限责任公司	33	N10001	23AE9871	AE9871	已发行	查看

图 4-51 WSN 车载节点

4.4.2　WSN 路侧设备管理

图 4-52 是 WSN 路侧设备的管理列表，只有同时管理好车载节点和路侧设备，它们二者之间才可以进行正常的无线通信，一个站台可能有多个路侧设备，所以对 WSN 路侧设备的管理就更为重要。

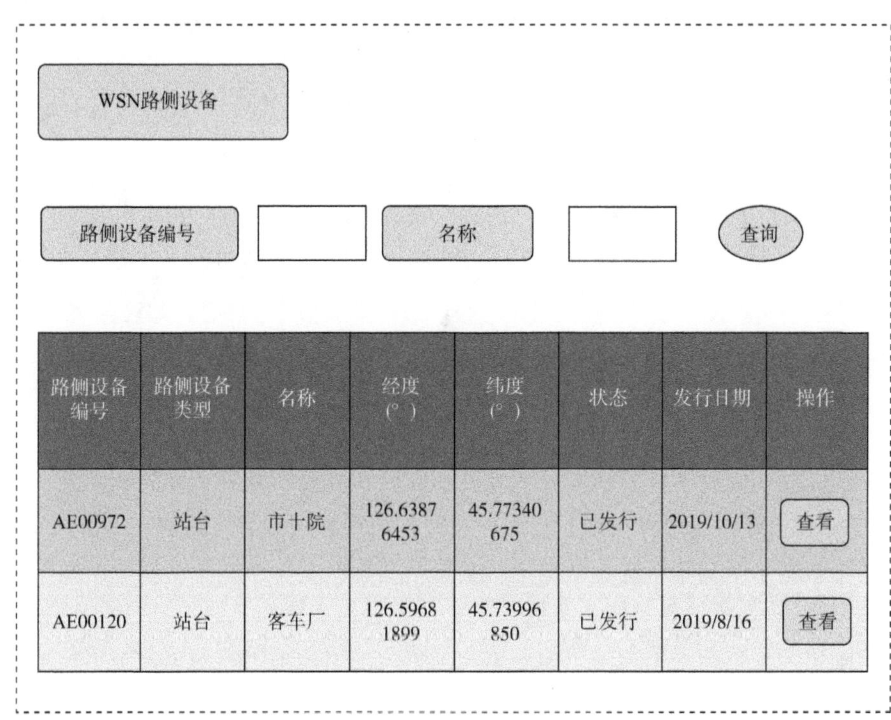

图 4-52　WSN 路侧设备

4.4.3　WSN 节点状态监控

系统必须实时监控站台的 WSN 节点状态（图 4-53），为准确定位提供正确的信息，保证公交车的准确停靠。

4.4.4　WSN 设备在线升级

WSN 管理系统需要对 WSN 设备进行定时或不定时的在线升级，以免 WSN 出现设备老化、通信不灵敏等问题。图 4-54 为 WSN 设备在线升级实例，更新后将设备类型、设备 ID 号、所属机构、使用者、版本号及更新时间等重要信息记录下来，极大方便下一次更新时获得所需的日志信息。

图 4-53　WSN 节点状态监控

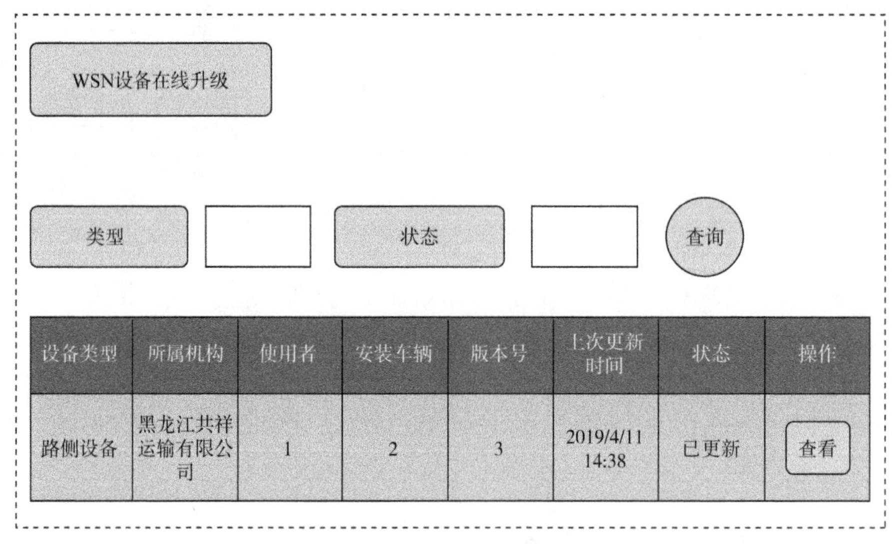

设备类型	所属机构	使用者	安装车辆	版本号	上次更新时间	状态	操作
路侧设备	黑龙江共祥运输有限公司	1	2	3	2019/4/11 14:38	已更新	查看

图 4-54　WSN 设备在线升级

4.4.5　密钥管理

密钥管理系统是一套软件系统,从密钥使用的角度对业务系统中的各种密钥进行管理,关键算法运算和操作通过硬件密码设备来实现。

密钥管理系统主要功能是为业务系统提供密钥管理与服务功能。该产品借鉴了国内外同类产品的先进设计思想，采用配置化管理，满足用户多应用、多业务密钥管理需求，并且具有良好的人机管理操作界面。在安全管理上，具有完善的人员认证、安全控制、运维监控及审计机制，并且支持双机热备工作模式，大大增强了系统的可靠性。系统功能有：授权管理、密钥方案设计、密钥管理、备用密钥、业务系统配置、密码机设备、私钥存储空间、对称密钥空间、密钥传输介质管理、系统管理、文件管理以及流水管理。本系统中的密钥管理列表如图4-55所示。

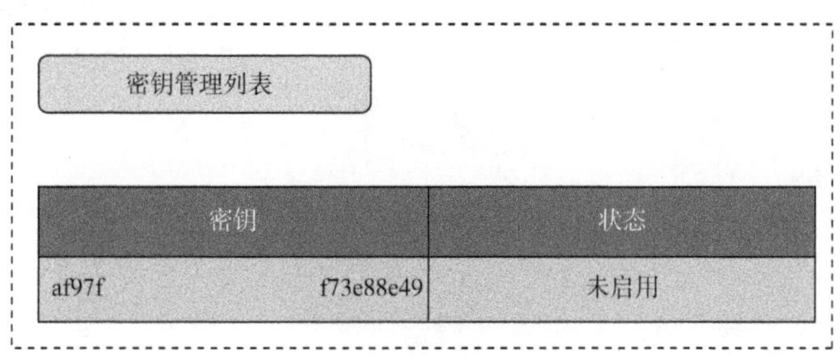

图4-55 密钥管理列表

4.5 公交信号优先

公交信号优先的控制策略可分为主动优先和被动优先[14]。被动优先是机械地根据预先设置的方案执行公交车辆优先；主动优先是基于车路协同信息，信号优先申请设备发出优先请求，为公交车辆提供优先。

实现沿线路口红绿灯的智能化管理，当公交车行至路口附近时，路口的智能交通控制系统会感应到车辆信号并判断车辆的运行方向，为其提供相对的、有条件的路口信号优先，并选择适当的优先策略，实现公交信号优先控制，让公交车尽可能一路“绿灯”畅行，减少其路口延误时间。

在公交走廊的公交信号优先控制系统中，设计的主要功能有优先监视、设备管理和统计分析三部分。以下是对公交信号优先控制系统功能的详细介绍。

4.5.1 优先监视

优先监视的主要内容如图4-56所示。在优先监视中，走廊中各个路口应该是被实时监控的，图4-56的左上角即为示例走廊中的被监控路口列表。对路口进行实时监控，可以对路口的优先请求进行实时统计，并且可以统计一天内的优先请求次数及优先成功次数。图4-57为对走廊内丽江路的实时监控，基本内容有优先请求曲线图、优先成功曲线图以及公交流量曲线图，并且可以查看实时请求。系统还需要对优先信息进行分析。在本系统中使用柱状图和饼状图进行统计，还对公交优先统计次数进行了分析。

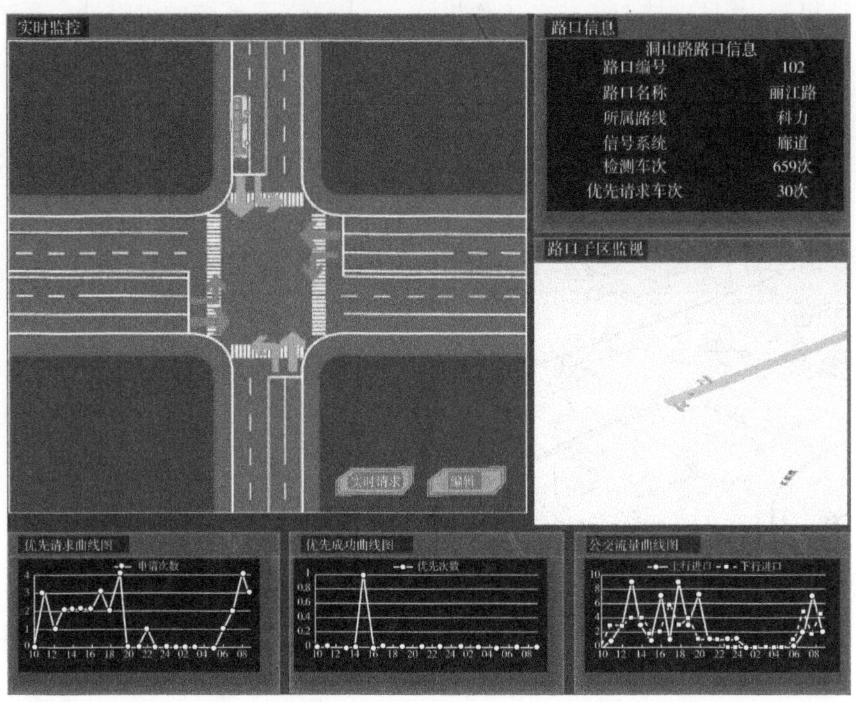

图4-56　优先监视

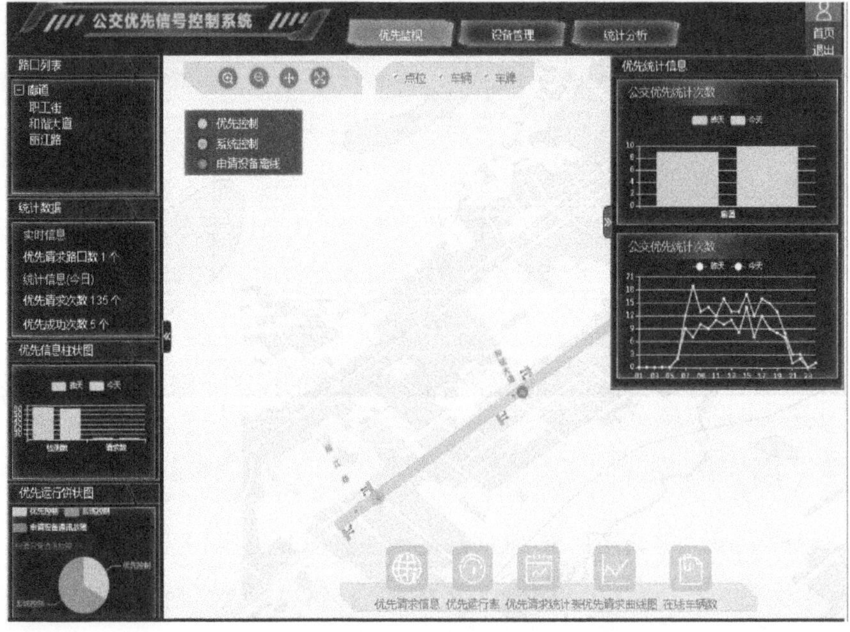

图4-57　丽江路实时监控

4.5.2　设备管理

公交信号优先控制系统中的设备管理对两方面进行管理,一是公交优先设备,二是各项参数。

在公交优先设备主要功能有车载设备管理、优先设备管理、设备故障查询及设备实时通信状态查询。

4.5.2.1　优先设备管理

对安装设备的地理位置进行管理,如图 4-58 所示,方便对优先设备的正常使用进行管理。管理的主要内容是设备编号、设备名称、设备型号、地理位置及生产厂家等。

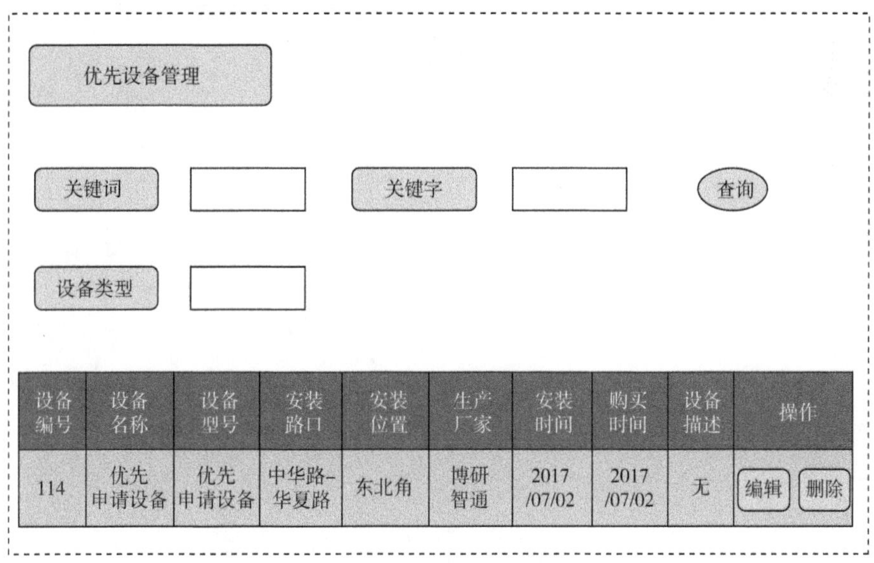

图 4-58　优先设备管理

4.5.2.2　设备故障查询

设备故障查询的功能是对故障设备进行统计管理,为优先请求提供保障,而且可以进行设备维修时的系统备份。设备故障查询的内容如图 4-59 所示。

4.5.2.3　设备实时通信状态查询

设备实时通信状态查询功能可以实时统计优先申请设备是否出现故障,如图 4-60 所示,可以根据统计结果及时安排清除故障。

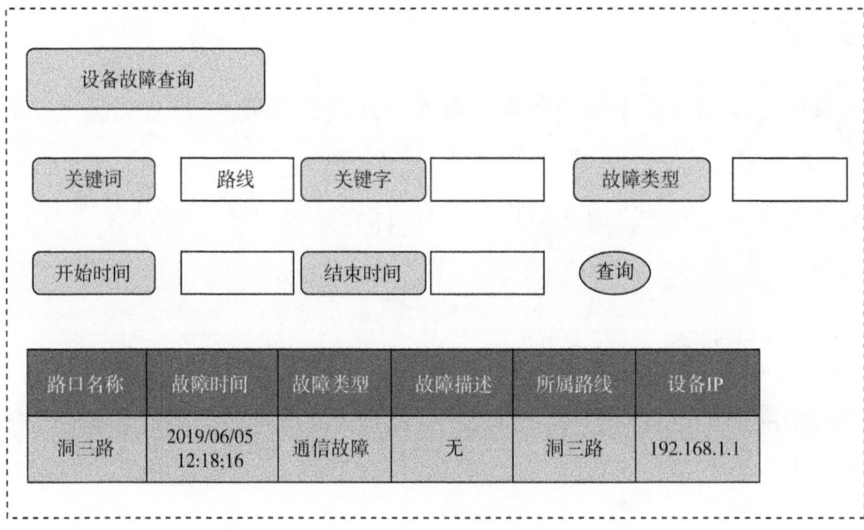

图 4-59　设备故障查询

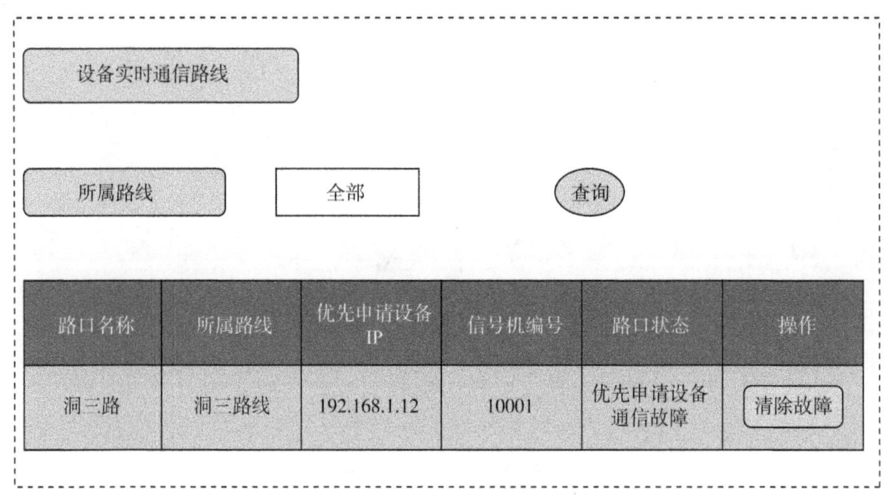

图 4-60　设备实时通信状态

4.5.3　统计分析

4.5.3.1　公交流量信息

公交流量信息分析的主要内容有公交流量查询和公交流量分析。

(1)公交流量查询

在公交流量查询功能中,系统可以对走廊中各路线或者各路口在某一时间段内的公交流量进行查询,并且可以选择报表类型和数据类型,更清晰地看出公交流量的统计情况,图 4-61 为新阳路走廊丽江路路口在某一天内每小时的公交流量统计图,采用柱状图来表示。新阳路走廊中共有 10 条线路,为每条线路配车 12 辆车。

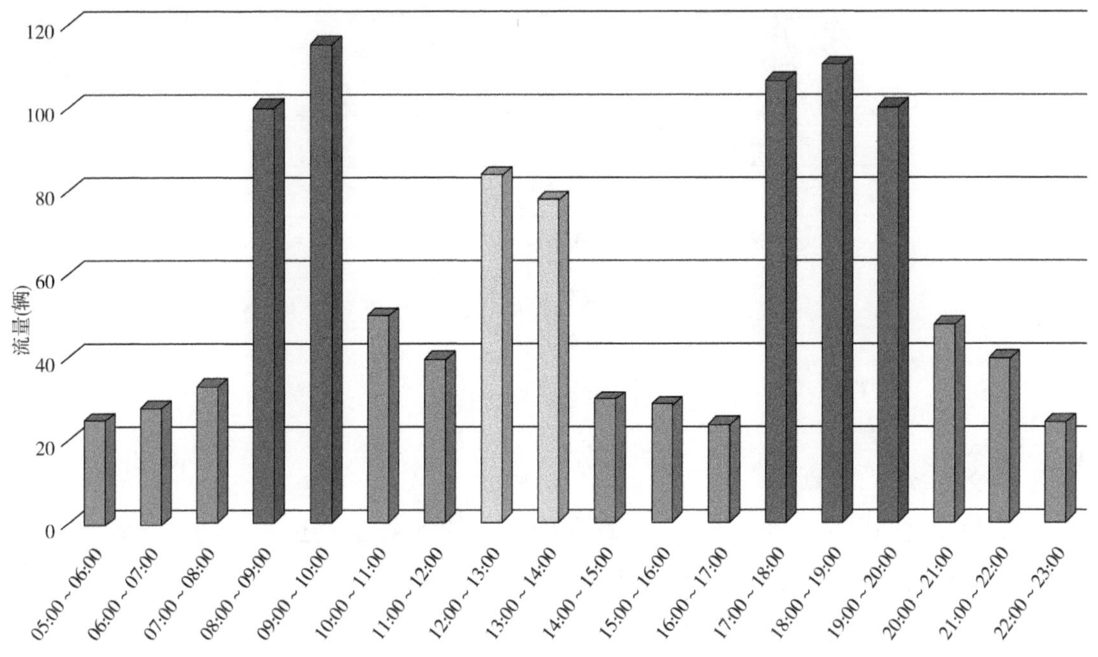

图 4-61　公交流量查询

从上图可以看出,在一天中的早高峰时间段内,公交流量是最大的,其次是晚高峰时间段的公交流量。据此,可以在早晚高峰对公交车进行合理的安排及调度。

(2)公交流量分析

公交流量分析功能是对走廊内各路线或各路口若干天之内任意时段的公交流量进行统计分析,同样可以选择多种表示方式。图 4-62 对比了新阳路走廊中丽江路路口在两天中每小时的公交流量并且用折线图来展示数据。从图中可以看出公交公司对公交车在工作日和非工作日的安排是不同的,根据乘客在不同时间段的不同需求,公司做出了合理的排班。这样做的目的是进一步优化各线路的排班计划,有利于有限资源利用率的提高。

4.5.3.2　公交旅行时间

公交旅行时间是公交车辆从 A 路口到 B 路口所需时间。公交旅行时间查询与分析功能主要是对旅行时间进行查询和分析。

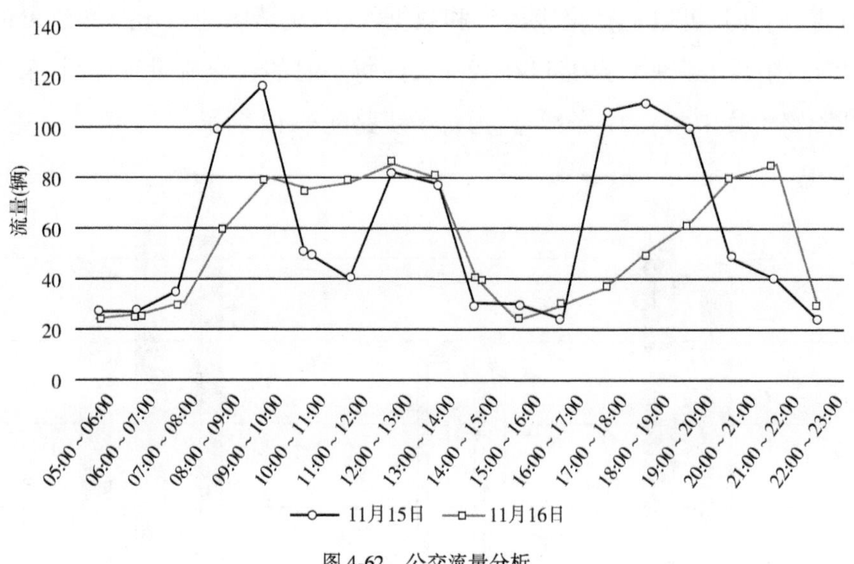

图 4-62　公交流量分析

(1)公交旅行时间查询

公交旅行时间可用多种方式表示。图 4-63 用折线图进行描述,可以清晰地看出公交车辆从一个路口到另一个路口所用时间的变化,并对其进行分析。

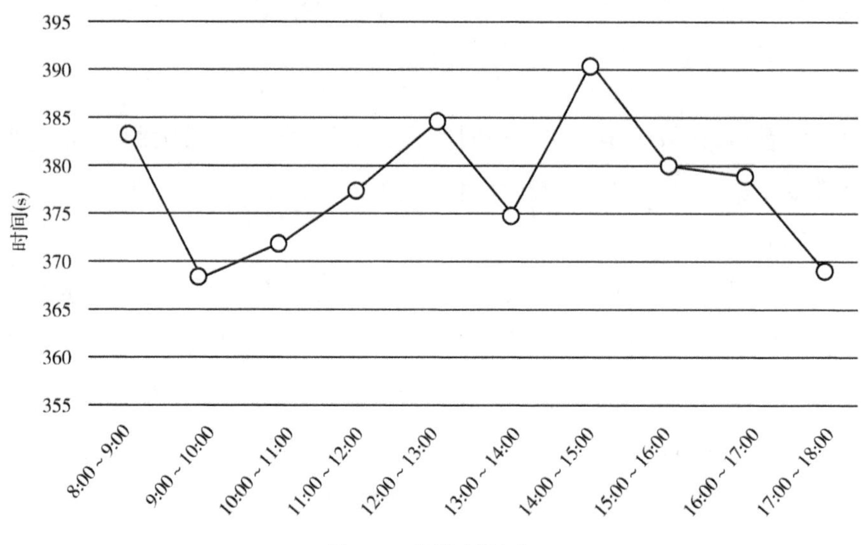

图 4-63　旅行时间查询

(2)公交旅行时间分析

公交旅行时间分析即是对几天之内的公交旅行时间进行对比,如图 4-64 所示。

通过对几天之内旅行时间的对比,分段体现公交的运行情况,根据旅行时间的长短,判断交通的拥堵情况,也更有利于判断和寻找公交车延误的原因。

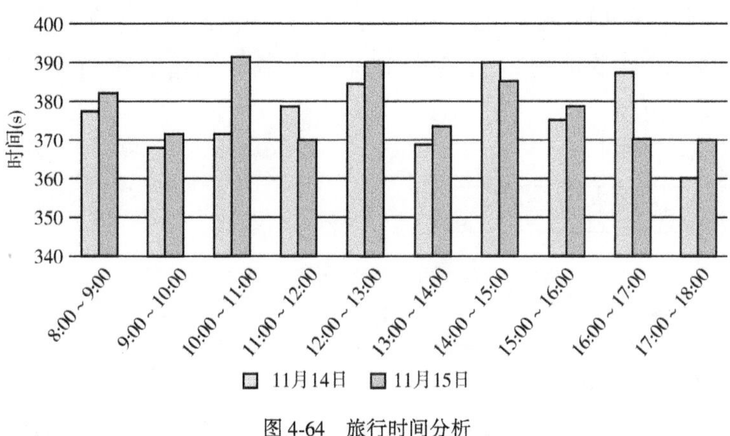

图 4-64　旅行时间分析

4.5.3.3　公交车辆信息

公交车辆信息统计分析主要内容有车辆优先信息统计、车辆实时数量统计及公交信息查询。

(1)车辆优先信息统计

车辆优先信息统计的内容为走廊内某一线路的公交车在一天中某个时段的请求次数及优先次数(图 4-65)。

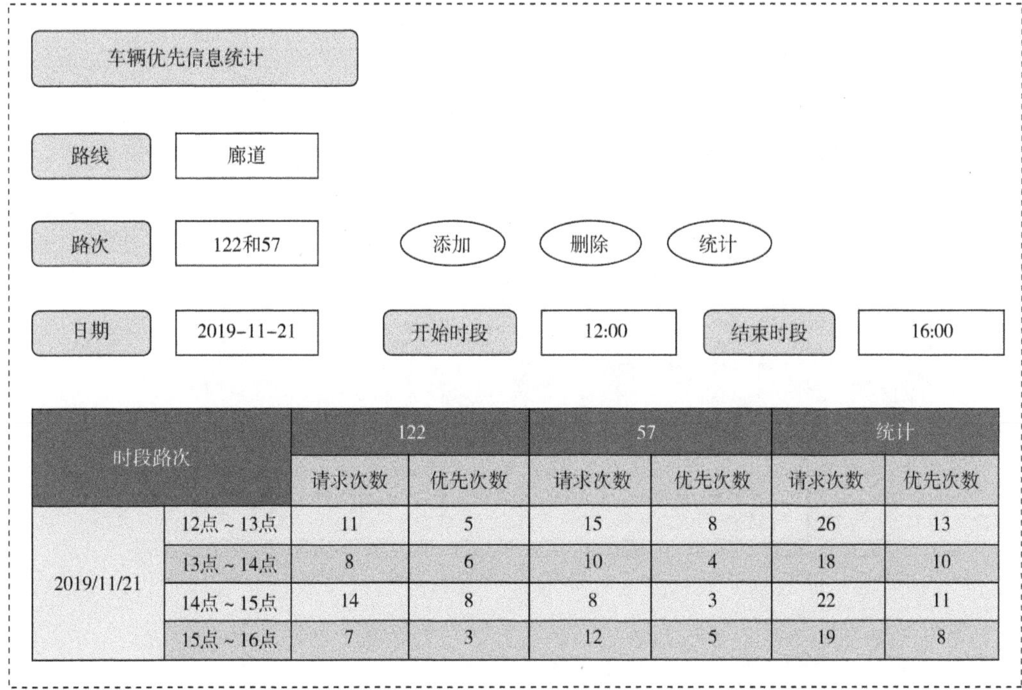

时段路次		122		57		统计	
		请求次数	优先次数	请求次数	优先次数	请求次数	优先次数
2019/11/21	12点～13点	11	5	15	8	26	13
	13点～14点	8	6	10	4	18	10
	14点～15点	14	8	8	3	22	11
	15点～16点	7	3	12	5	19	8

图 4-65　车辆优先信息统计

(2)车辆实时数量统计

车辆实时数量统计功能可以对走廊中一条或多条线路的实时车辆数进行统计,如图 4-66所示。

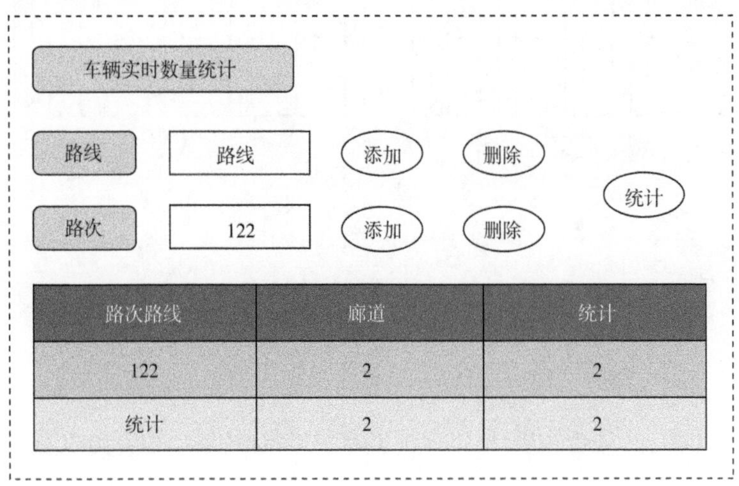

路次路线	廊道	统计
122	2	2
统计	2	2

图 4-66　车辆实时数量统计

(3)公交信息查询

公交信息查询功能可以对某一路次或某一车次在某段时间内的优先信息进行查询,如图 4-67 所示。

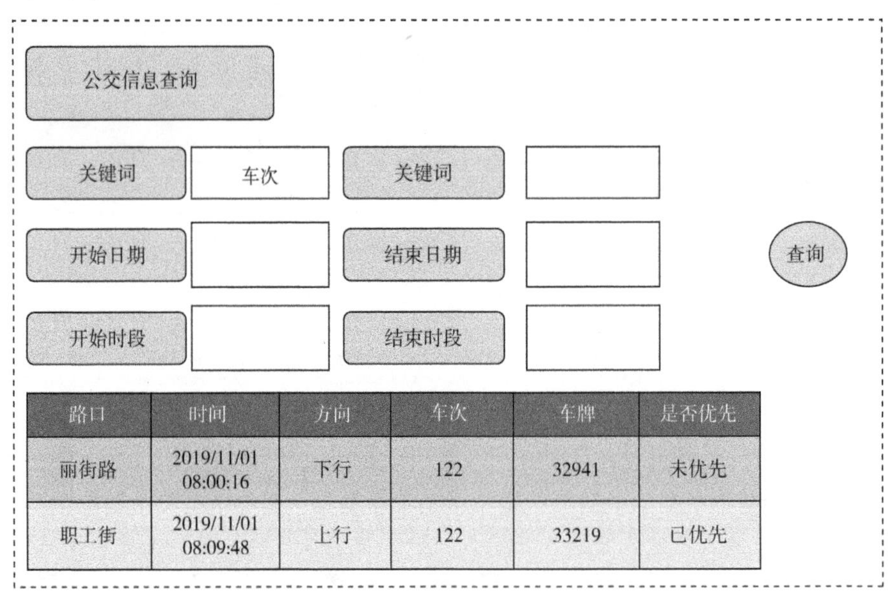

路口	时间	方向	车次	车牌	是否优先
丽街路	2019/11/01 08:00:16	下行	122	32941	未优先
职工街	2019/11/01 08:09:48	上行	122	33219	已优先

图 4-67　公交信息查询

4.5.3.4　公交优先

公交优先统计分析的主要功能有请求时间查询和优先次数查询。

(1)请求时间查询

对线路中某一时间段内的请求时间查询,如图 4-68 所示。

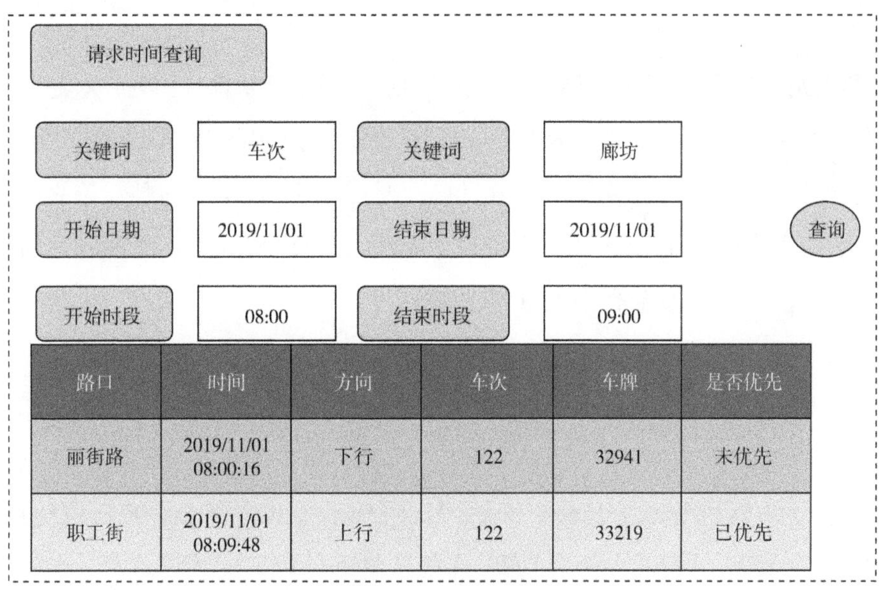

图 4-68　请求时间查询

(2)优先次数查询

对线路中某一天的优先次数进行查询,如图 4-69 所示。优先次数查询功能可查询日报表以及月报表,并且有多种数据表示形式,方便对公交优先进行管理。

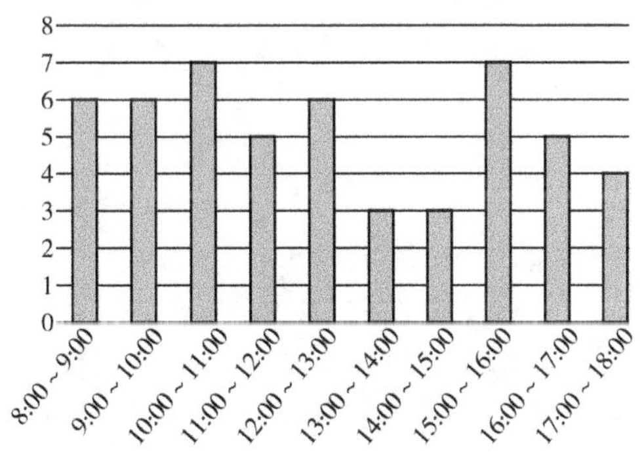

图 4-69　优先次数查询

公交优先的根本目的是节省公交运行的时间,更高效地运行公交车。通过对数据进行分析,可以得到为公交公司及每一辆公交车节省的时间。

4.6　公交车辆站台停靠管理

随着工业化和城市化进程,社会人口结构发生重要变化,不断提高的生活水平影响了人们的生活方式,对公交车辆停靠管理的要求越来越严格。如何给乘车人候车带来舒适和方便,也逐渐成为公交车辆停靠设计者需要思考的问题。应该从公交车停靠站站点位置的选择、停靠站点设置类型的选择、公交站候车厅的设计[15]来施行公交车辆的停靠管理策略。

合理利用站台空间进行车辆停靠位置的规划和实时调度管理,各路公交均有固定泊位,市民乘车不用来回跑。每辆车内配置车载智能设备,使用GPS(全球定位系统)/北斗卫星导航系统技术对移动目标进行实时定位,并通过基于WSN的辅助定位终端提供的车辆到/离站信息实现辅助定位,提高车辆的定位精度。可以根据实际路况有针对性地进行分析设计,确保行车顺畅安全和乘客方便舒适。

4.6.1 车辆停靠违规类型举例

在车辆停靠管理系统中,可以通过站台的摄像头实时监测公交车辆的停靠地点。公交车辆停靠违规举例如图4-70所示。车辆停靠管理系统的主要功能有车位信息管理、站台违规停车信息管理、异常滞站停车预警、违规信息统计以及辅助报站。

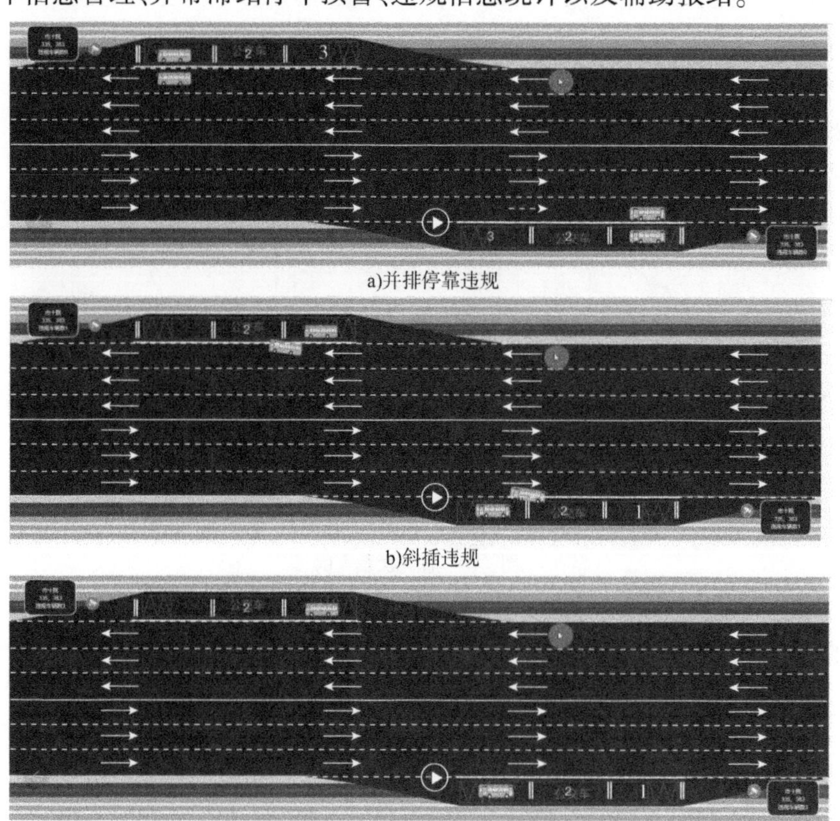

a)并排停靠违规

b)斜插违规

c)未按首车停靠线停靠违规

图4-70 公交车辆违规停靠举例

4.6.2　车位信息管理

图4-71为车位信息管理的详情列表,表中列举了各站台所分配的车位数,有利于停靠系统的管理。

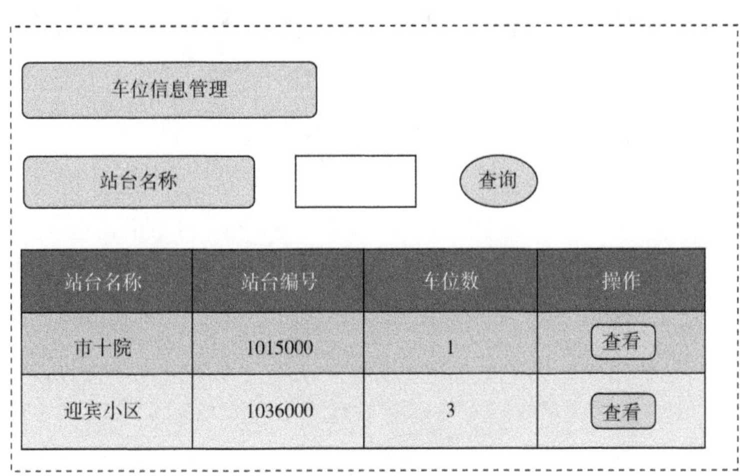

图4-71　车位信息管理

4.6.3　站台违规停车信息管理

图4-72为站台违规停车信息管理,可以查询在上行或下行行驶方向中任意车辆的违规状态、违规类型以及违规站台,可以在系统中备案车辆的违规站台,对停靠规范有一定的参考价值。

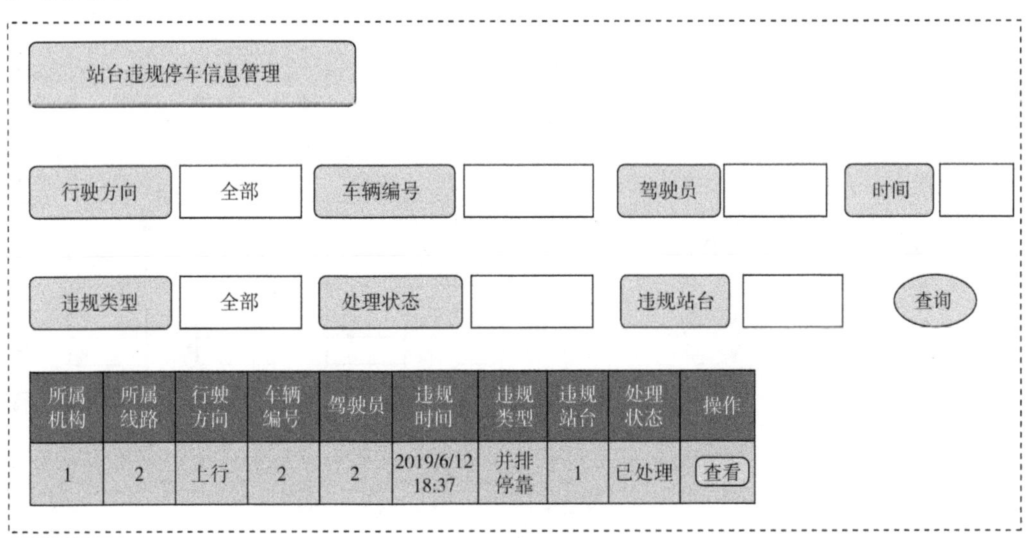

图4-72　站台违规停车信息管理

4.6.4 异常滞站停车预警

异常滞站是指公交车在站台无故停车时间太久的情况。公交车在站台正常停靠时间为 10~30s,超过 1min 的是异常滞站。异常滞站停车预警功能可以记录线路中公交车辆在某一站台的异常滞站停车情况,及时对异常情况进行处理。系统中的异常滞站停车预警列表如图 4-73 所示。

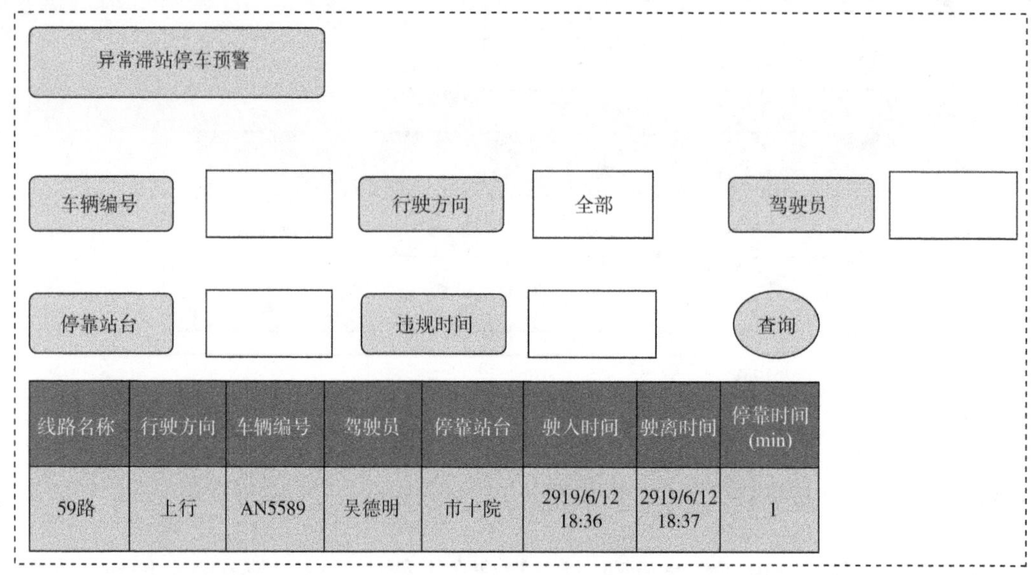

图 4-73　异常滞站停车预警

4.6.5 违规信息统计

违规信息统计的主要功能是统计一段运营时间内任意线路或者任意驾驶员的违规信息,统计的信息有违规类型占比和违规类型统计(图 4-74)。

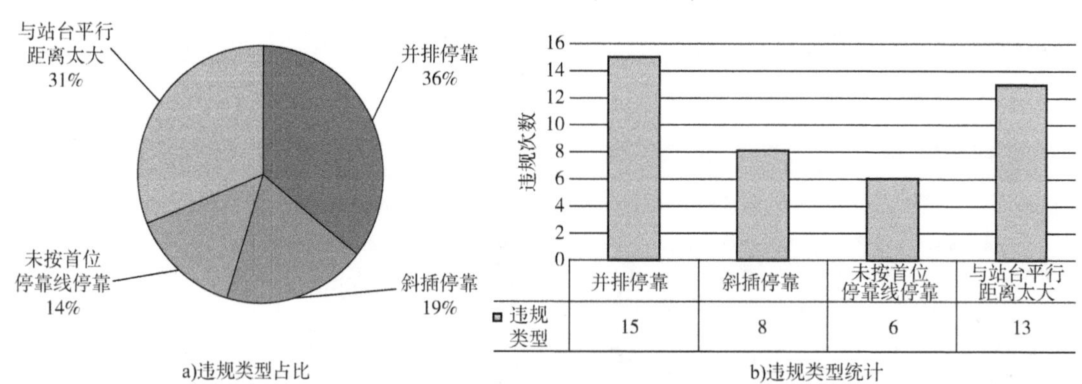

a)违规类型占比　　b)违规类型统计

图 4-74　违规信息查询

4.6.6 辅助报站

辅助报站功能记录某一车辆在站台的进出站情况，如图4-75所示。

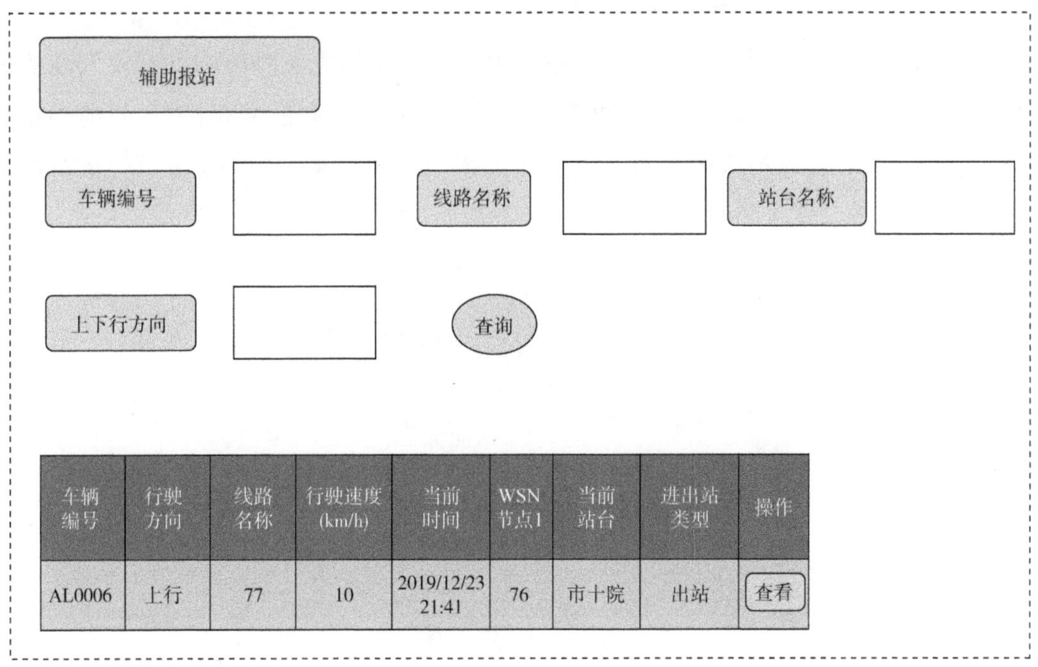

车辆编号	行驶方向	线路名称	行驶速度(km/h)	当前时间	WSN节点1	当前站台	进出站类型	操作
AL0006	上行	77	10	2019/12/23 21:41	76	市十院	出站	查看

图4-75　辅助报站

4.7 公交专用车道路权保护

公交专用车道是指专门为公交车设置的独立路权车道，属于城市交通网络配套基础设施。公交专用车道的主要功能是方便公交网络应对各种高峰时段和突发状况带来的道路拥堵问题。

通过使用智能摄像机对公交专用车道内行驶的机动车进行实时视频检测，实时对图像进行分析处理，当有社会机动车辆进入监测区域时，对车辆进行抓拍、识别等操作。将抓拍图片、车辆特征信息(车辆号牌识别结果、车身颜色等)数据通过无线通信方式上传至控制中心。控制中心接收数据后，对数据进行分析，对违规车辆进行相应的处罚。

通过先进的视频识别算法，实现对20～200m距离范围内的车辆动态自动抓拍，辨识占用公交专用车道的违法行为，并实时传送至系统上端平台，有效震慑违规占用公交专用车道的行为，保障公共交通有序通畅。

在路权保护系统中，首先要对违规车辆进行实时检测识别并进行统计。路权保护系统的主要功能有车辆信息管理、设备管理、站台管理、违规车辆数据统计等。

4.7.1 系统总体结构

系统由前端相机、控制主机和中心服务器组成。前端相机主要由200万像素高清球形摄像机和300万像素高清卡口摄像机等组成。控制主机控制前端相机，接收前端相机的视频流，分析、识别、抓拍违法车辆，生成抓拍图片和车辆信息。中心服务器完成对抓拍图片的存储和管理。系统的总体结构如图4-76所示。

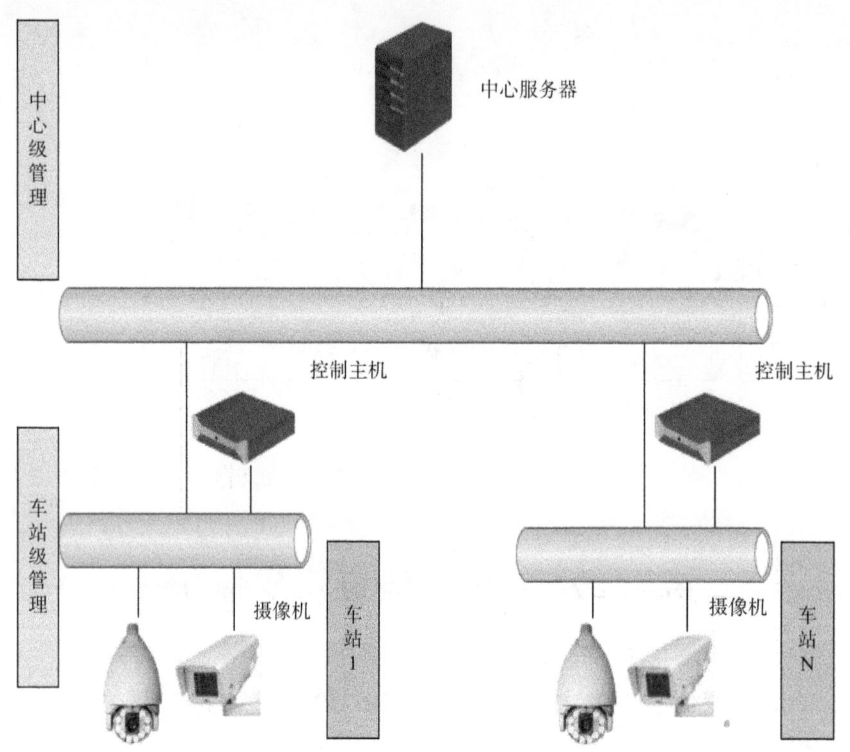

图4-76 路权保护系统总体结构

4.7.2 车辆信息管理

4.7.2.1 视频分析

当车辆进设定的抓拍区域时，前端采集设备进行视频分析，根据车牌辅助车型识别来判断前方车辆是否为违法车辆。视频分析一般包括全画面分析、车牌识别、车牌颜色识别、黄线检测以及车尾检测，如图4-77所示。

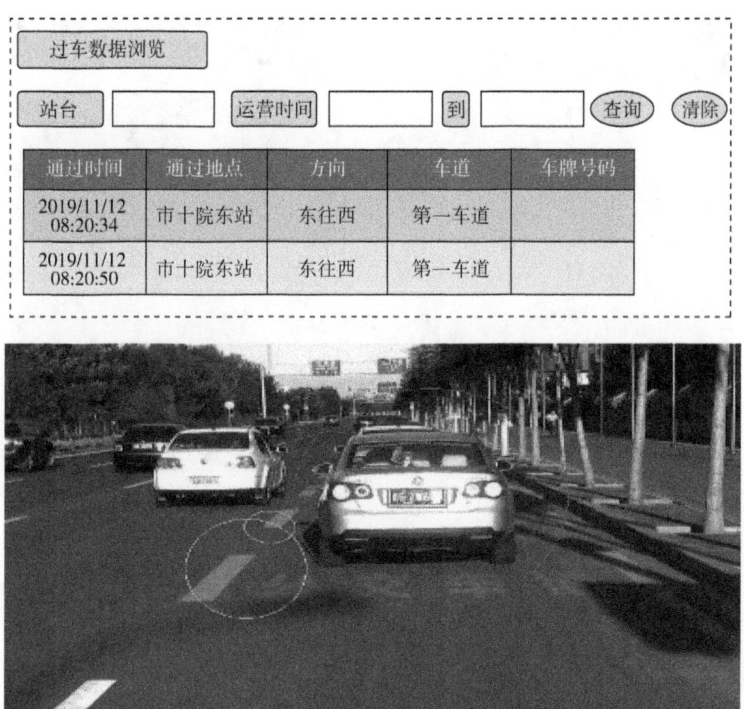

图 4-77　视频分析

4.7.2.2　图片抓拍

前端采集设备自动判断前方车辆为违法占道车辆时，对违法占道行为进行视频录像和图片抓拍。抓拍违法占道行为开始前 5s 到结束后 5s 的录像，并和图片关联，使执法更具有说服力。违法视频录像时间可设定。抓拍 3 张高清违法图和 1 张特写图，能清晰反映道路标志标线、所拍摄车辆、检测时间等特征，如图 4-78 所示。

违法车辆数据

选择路口　所有站台　运营时间　　到　　查询　清除

违法ID	违法时间	违法地点	方向	车道	车牌号码
77	2019/11/12 18:20:34	市十院东站	东往西	第一车道	
80	2019/11/12 19:50:40	市十院东站	东往西	第一车道	

图　4-78

图 4-78　图片抓拍

4.7.3　设备管理

4.7.3.1　状态监控

管理员监控设备状态(图 4-79),对设备进行故障排查,如有故障,及时维修或更换设备。

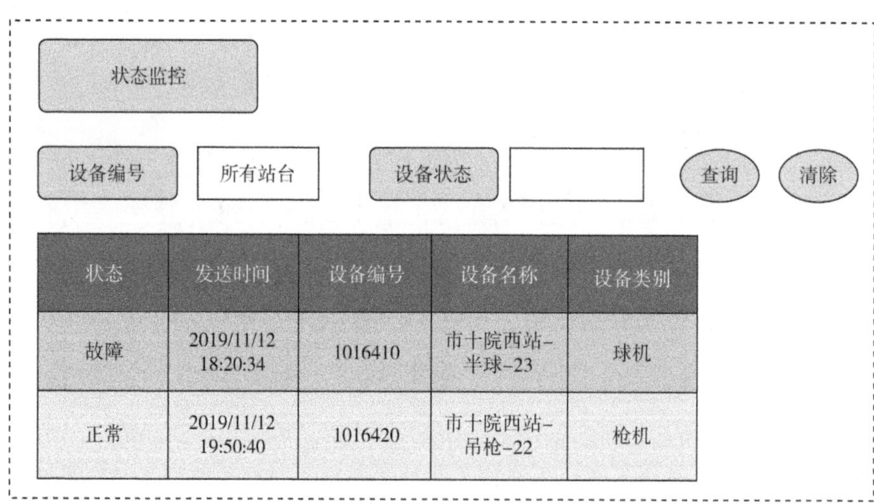

状态	发送时间	设备编号	设备名称	设备类别
故障	2019/11/12 18:20:34	1016410	市十院西站-半球-23	球机
正常	2019/11/12 19:50:40	1016420	市十院西站-吊枪-22	枪机

图 4-79　状态监控

4.7.3.2　设备信息管理

对设备的信息进行详细记录,记录的主要内容有设备编号、设备名称、所属站台、设备供应商以及设备类型等信息(图 4-80)。

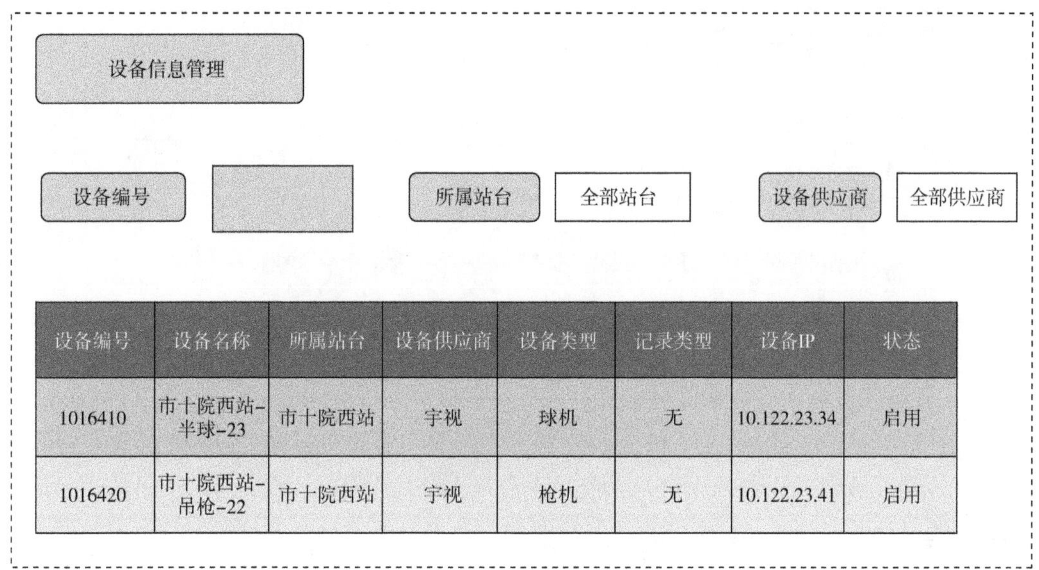

图 4-80　设备信息管理

4.7.4　站台管理

4.7.4.1　站台管理

站台管理的主要功能是记录各站台的位置，如图 4-81 所示。

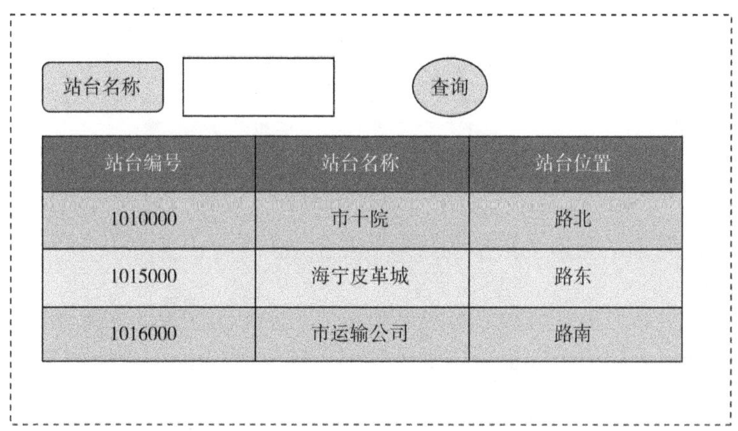

图 4-81　站台管理

4.7.4.2　道路管理

道路管理主要是对各种道路（如快速路、主干路、次干路及支路）的道路信息进行业务数据管理，管理的内容有道路编号、名称、长度以及速度限制，如图 4-82 所示。

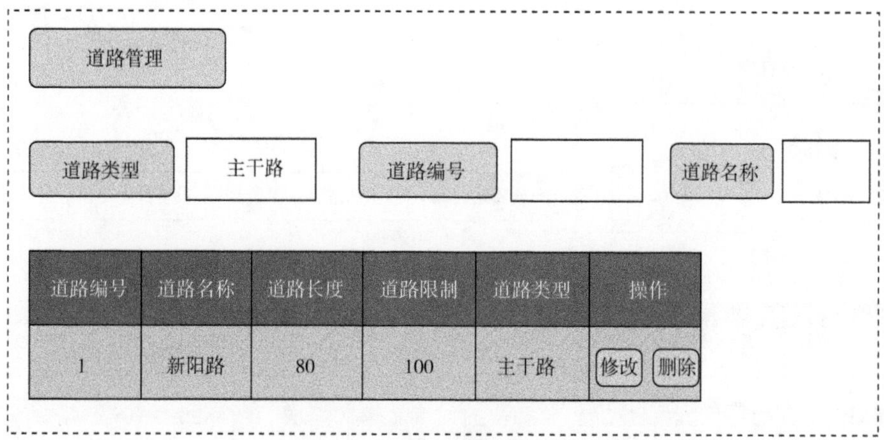

图 4-82　道路管理

4.7.5　违规车辆数据统计

4.7.5.1　过车统计

过车统计是对运营时间内各站台的过车数量进行统计,如图 4-83 所示。

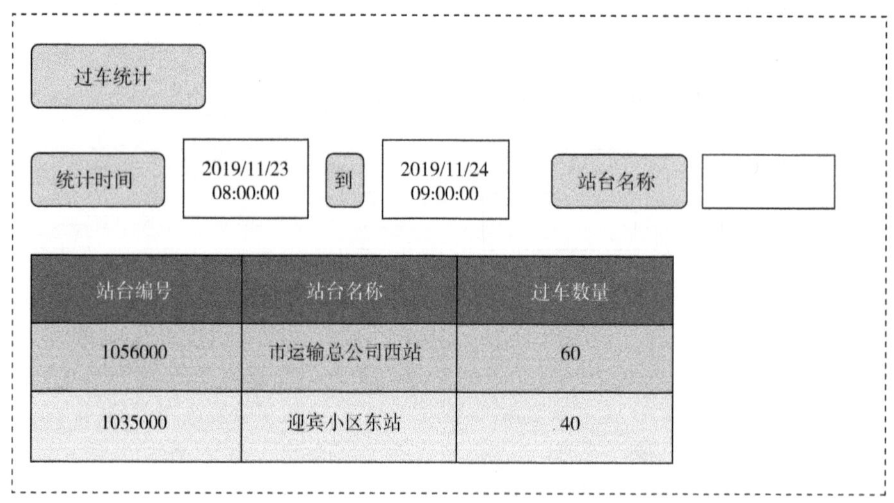

图 4-83　过车统计

4.7.5.2　违法数据统计

在路权保护系统中,根据设备提供的数据对违法车辆进行实时统计,方便对违规车辆进行处理。违法数据统计是对各站台在运营时间内的违规车辆数量进行统计,如图 4-84 所示。

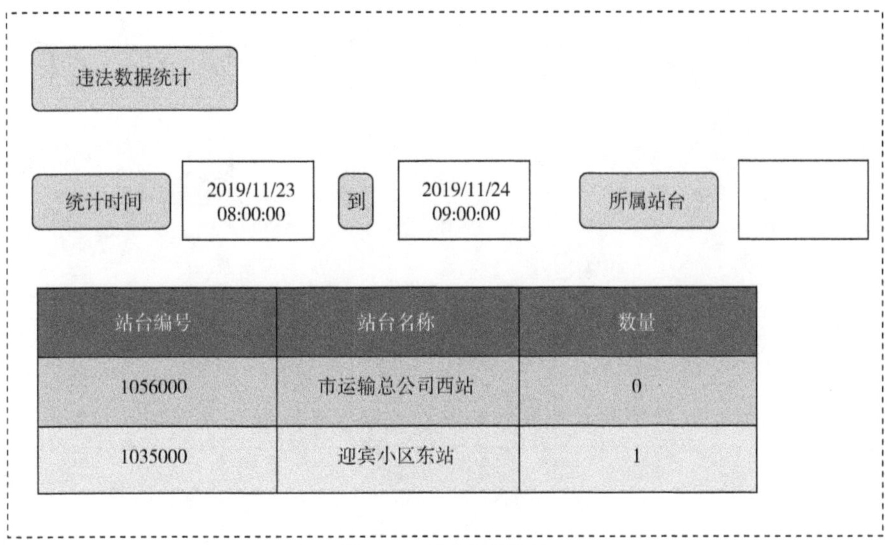

图 4-84　违法数据统计

4.8　站台视频监控

为了保证公交车的正点运行和站台上乘客的人身安全，对站台非安全区进行安全监控非常必要。可以采用智能视频监控形成一种报警装置，降低站台安全事故发生率，保障公交车进出站安全，保证站台工作人员以及乘客的安全。

智能视频监控是利用计算机视觉技术对视频信号进行处理[16]、分析和解释，通过对图像进行分析，对公交站台车辆和行人进行识别分析，并在此基础上分析和判断车辆的行为、检测客流、识别安全隐患等，有效对站台进行管理和控制。

智能视频监控方法采用数字摄像机，其视角能够全面覆盖整个公交站台。通过对覆盖范围内的人或其他障碍物进行视频成像，部署基于深度学习的智能模型，自动检测站台目标行为，自动识别站台安全隐患并实时报警，传输到调度中心进行处理。

依靠客流检测摄像机、车流检测摄像机、路权保护摄像机提供的实时视频信息，在监控室就可以洞察现场一切，为乘客的安全提供有力保障。

在实际的视频监控系统中，实现的主要功能有实时视频、录像回放、地图预览、统计分析等内容。

4.8.1　监控设备部署

在视频监控系统首页对上下行各站台的监控设备进行部署。图 4-85 为走廊内上下行各站台分布情况，根据需求可以直接获取各站台的视频监控设备信息。

图 4-85　上下行站台分布

点击站台即可获得站台视频监控设备的实时监控视频。每个站台部署了 5 个视频监控设备,可分别获取不同的信息,如图 4-86 所示。

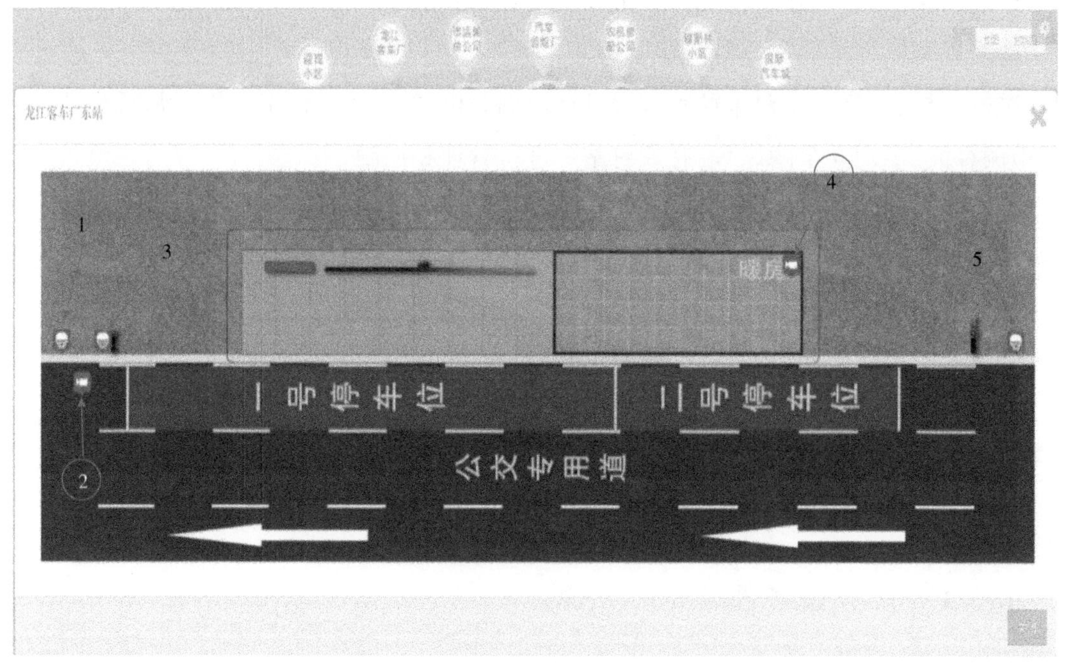

图 4-86　站台视频监控设备分布

图 4-86 中,1 号和 5 号监控设备的功能为站台客流检测;2 号监控设备的功能是路权保护,抓拍违规的社会车辆;3 号监控设备的功能是车流检测;4 号监控设备的功能是监控暖房内部状态,保证候车乘客的人身及财产安全。

4.8.2　实时视频

实时视频功能通过高清抓拍球机、卡口相机、高清球机等对走廊内各站台的过车情况进行实时抓拍。主要对视频监控、云台和预置点进行管理,如图 4-87 所示。

图 4-87　实时视频

4.8.3　录像回放

录像回放功能可以回放走廊内各站台某段时间内的监控视频,并且可以将视频保存到本地进行处理,如图 4-88 所示。

4.8.4　地图预览

在地图预览功能中,可以查看所有已经部署的设备信息,如图 4-89 所示,设备信息主要有设备 IP、编号、方向以及地点。

图 4-88　录像回放

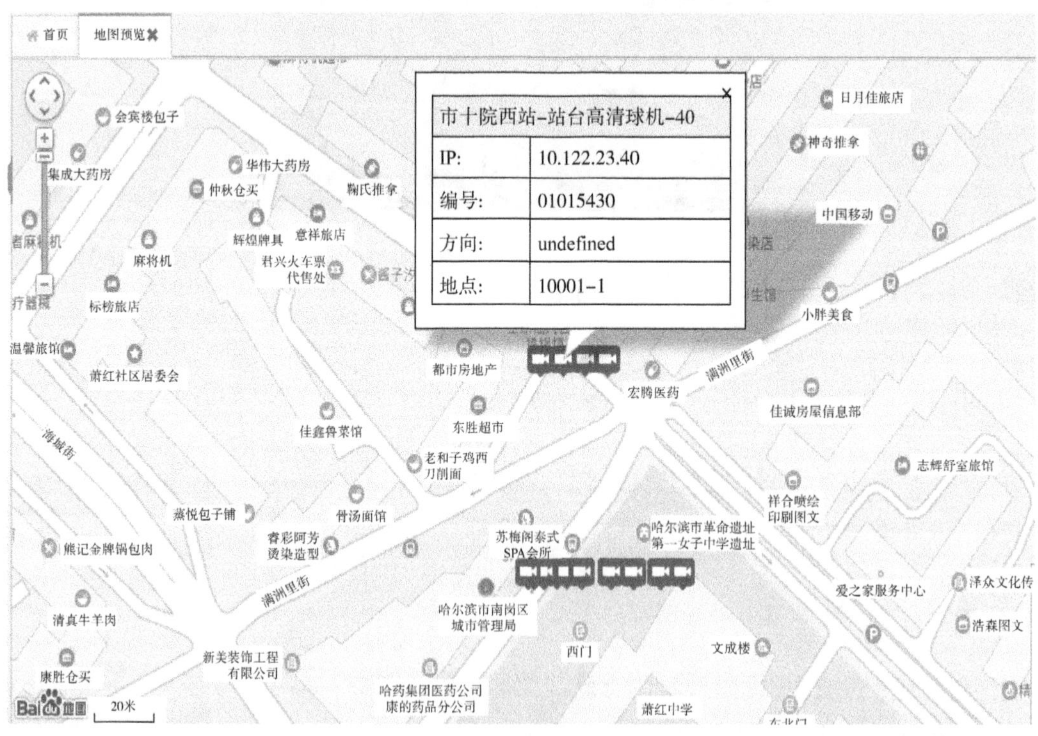

图 4-89　地图预览

4.8.5　统计分析

4.8.5.1　告警管理

告警管理是对站台的告警设备进行统计,有利于及时维修或更换站台所使用的设备,如图 4-90 所示。

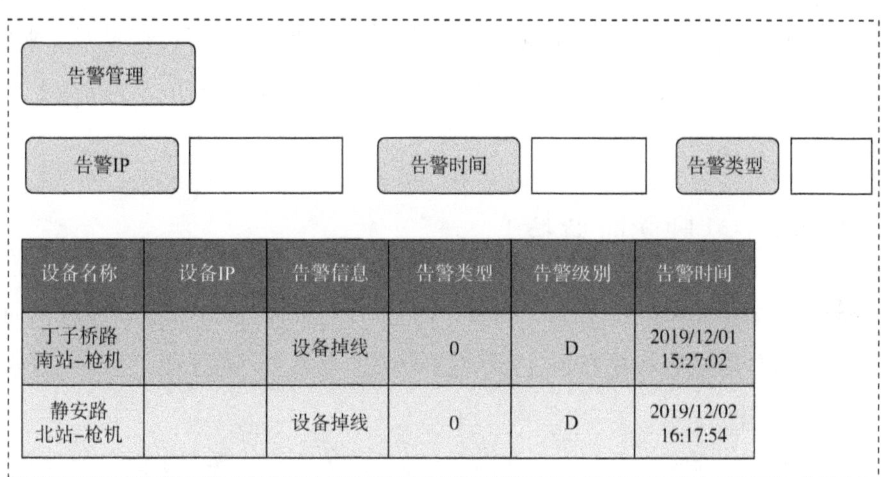

图 4-90　告警管理

4.8.5.2　日志管理

日志管理主要是对操作人的操作情况进行统计,防止设备状态等被恶意篡改,具体实例如图 4-91 所示。

日志明细

操作人　　操作时间

操作	操作人	操作时间	请求IP
查看日志信息	admin	2019/11/24 08:25:14	
查看性能管理	admin	2019/11/24 08:20:05	

图 4-91　日志管理

4.9　站台信息服务

传统公交站台功能只限于候车等待，在城市公交实施无人售票和城市一卡通的情况下，缺乏围绕出行的扩展服务。系统依托大量前端拾取设备及后台大数据分析，通过站台的高亮度 LED 显示屏、电子站牌、广播等设备向乘客提供实时到/离站信息、换乘查询等服务，使乘客方便、及时、准确地获得所需乘车信息，方便用户出行规划[17]。乘客还可以通过扫描电子站牌中的二维码查询车辆的行驶信息，优先选择更快到达的公交车辆，提高出行效率。

4.9.1　电子站牌实时监控

在实际的站台信息服务系统中，需要对各站台电子站牌显示的信息进行实时监控，如图 4-92 所示。站台信息服务系统的主要功能有信息发布、设备管理、设备报障管理、设备状态监控、版本更新等。

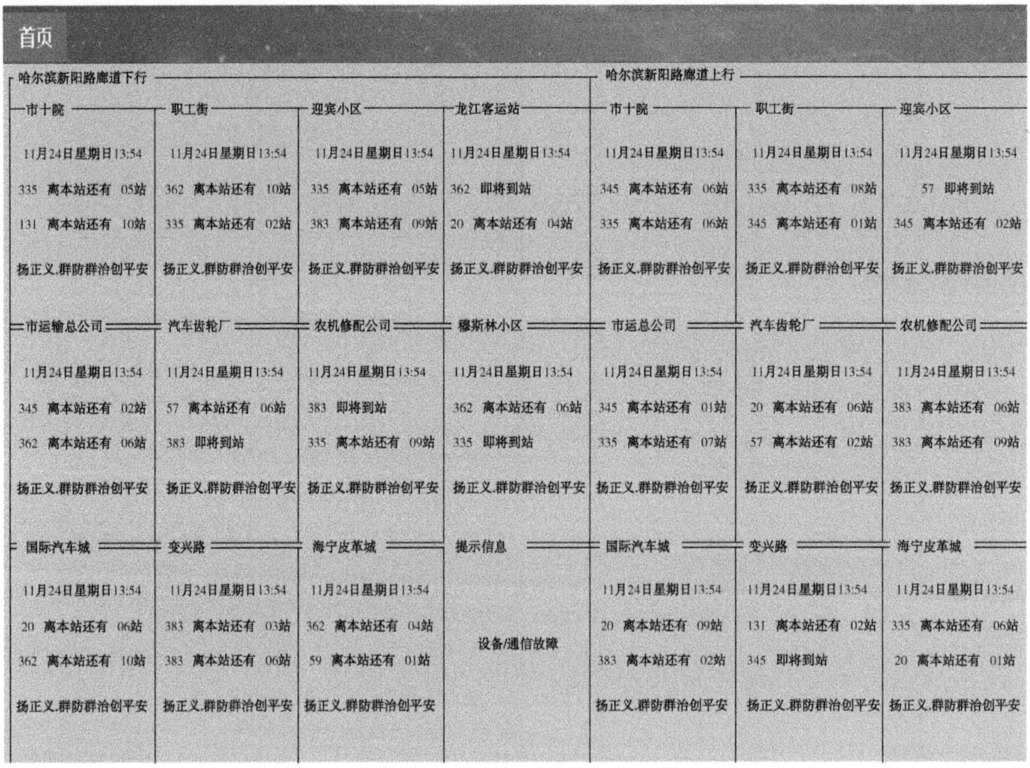

图 4-92　电子站牌实时监控实例

4.9.2 信息发布

信息发布功能对所要发布信息的内容、类型及发布单位进行审核，并记录发布的状态，如图4-93所示；通过LED实时监控信息的发布，如图4-94所示。

信息名称	所属类型	创建时间	审核状态	发布状态	操作
国内水路运输管理制度	资讯信息	2019/07/03 08:25:14	三级审核通过	已发布	查看 电子站牌发布 取消发布
道路垃圾清理	资讯信息	2019/08/24 08:20:05	三级审核通过	已发布	查看 电子站牌发布 取消发布

图4-93 信息发布

首页 LED实时监控

哈尔滨新阳路廊道上行

市十院	职工街	迎宾小区	龙江客运站
11月18日星期一21:37 57 离本站还有 02站 59 离本站还有 05站 扫黑除恶扬正义群防群	11月18日星期一21:37 20 离本站还有 09站 383 离本站还有 09站 扫黑除恶扬正义群防群	11月18日星期一21:37 345 离本站还有 04站 131 离本站还有 10站 扫黑除恶扬正义群防群	11月18日星期一21:37 383 离本站还有 06站 383 离本站还有 06站 扫黑除恶扬正义群防群
市运输总公司	**汽车齿轮厂**	**农机修配公司**	**穆斯林小区**
11月18日星期一21:37 20 离本站还有 04站 383 离本站还有 09站 扫黑除恶扬正义群防群	11月18日星期一21:37 131 即将到站 335 离本站还有 01站 扫黑除恶扬正义群防群	11月18日星期一21:37 57 离本站还有 09站 59 离本站还有 10站 扫黑除恶扬正义群防群	11月18日星期一21:37 57 离本站还有 06站 362 离本站还有 10站 扫黑除恶扬正义群防群
国际汽车城	**变兴路**	**海宁皮革城**	**提示信息**
11月18日星期一21:37 345 离本站还有 08站 59 离本站还有 06站 扫黑除恶扬正义群防群	11月18日星期一21:37 59 离本站还有 04站 59 离本站还有 10站 扫黑除恶扬正义群防群	11月18日星期一21:37 345 离本站还有 01站 345 离本站还有 03站 扫黑除恶扬正义群防群	设备/通信故障

哈尔滨新阳路廊道下行

市十院	职工街	迎宾小区
11月18日星期一21:37 57 离本站还有 09站 362 离本站还有 08站 扫黑除恶扬正义群防群	11月18日星期一21:37 131 离本站还有 04站 57 离本站还有 07站 扫黑除恶扬正义群防群	11月18日星期一21:37 383 离本站还有 05站 362 离本站还有 10站 扫黑除恶扬正义群防群
市运总公司	**汽车齿轮厂**	**农机修配公司**
11月18日星期一21:37 345 离本站还有 04站 335 离本站还有 05站 扫黑除恶扬正义群防群	11月18日星期一21:37 57 离本站还有 05站 345 离本站还有 04站 扫黑除恶扬正义群防群	11月18日星期一21:37 345 离本站还有 01站 345 离本站还有 06站 扫黑除恶扬正义群防群
国际汽车城	**变兴路**	**海宁皮革城**
11月18日星期一21:37 362 离本站还有 05站 131 离本站还有 09站 扫黑除恶扬正义群防群	11月18日星期一21:37 57 离本站还有 04站 57 离本站还有 09站 扫黑除恶扬正义群防群	11月18日星期一21:37 57 离本站还有 04站 20 离本站还有 01站 扫黑除恶扬正义群防群

图4-94 LED实时监控

4.9.3 设备管理

4.9.3.1 设备变更

设备管理中首先要对设备变更进行详细记录，设备变更列表中的内容有站台名称、变更内容、站牌样式、站牌数量等信息，而且在设备变更完成时，需要上传变更时的现场图片，如图 4-95 所示。

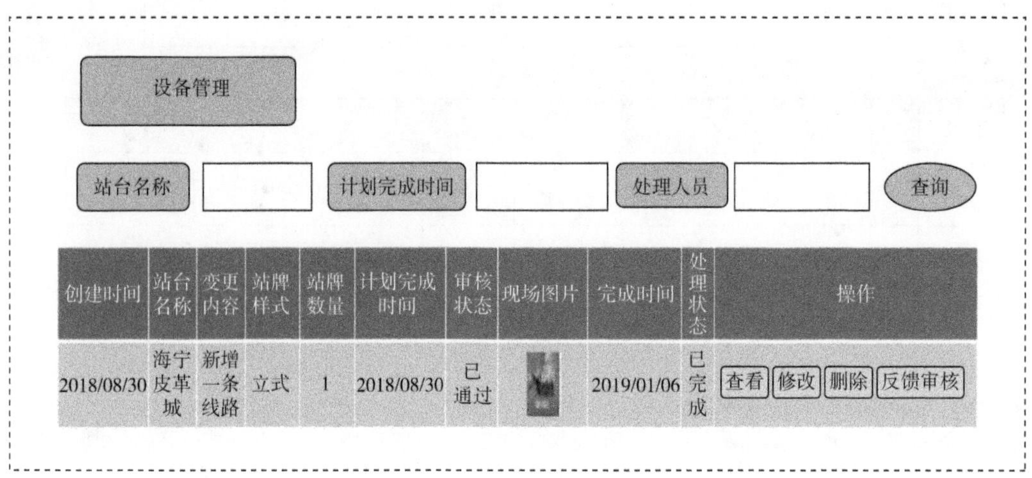

图 4-95 设备变更

4.9.3.2 站牌设备管理

其次要对站牌设备进行管理，管理的信息为设备编号、IP 地址、端口号和二维码，方便设备维修等工作，如图 4-96 所示。

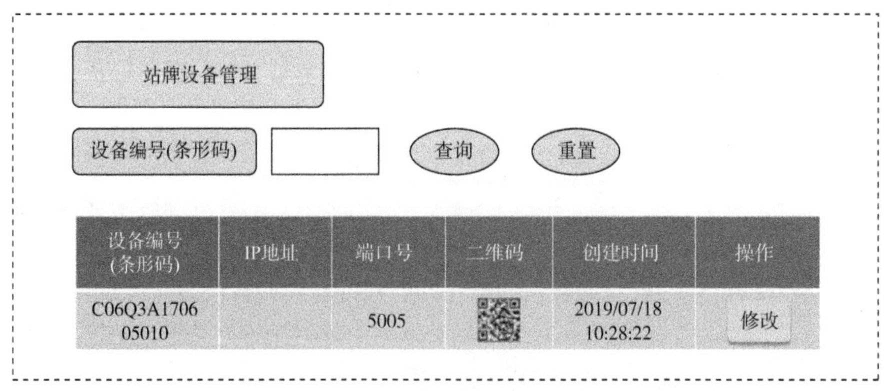

图 4-96 站牌设备管理

4.9.4　设备报障管理

4.9.4.1　设备报障

设备报障是对现有设备出现的问题进行上报，有利于故障的及时处理，主要内容是对站台电子设备故障具体信息进行描述（图 4-97）。

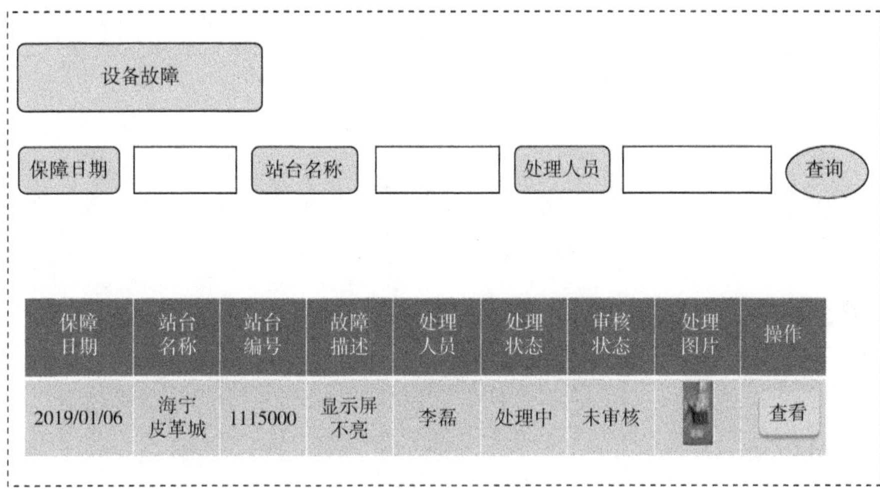

图 4-97　设备报障

4.9.4.2　故障来源

统计故障的来源以及故障值，为故障的统计处理做准备，如图 4-98 所示。

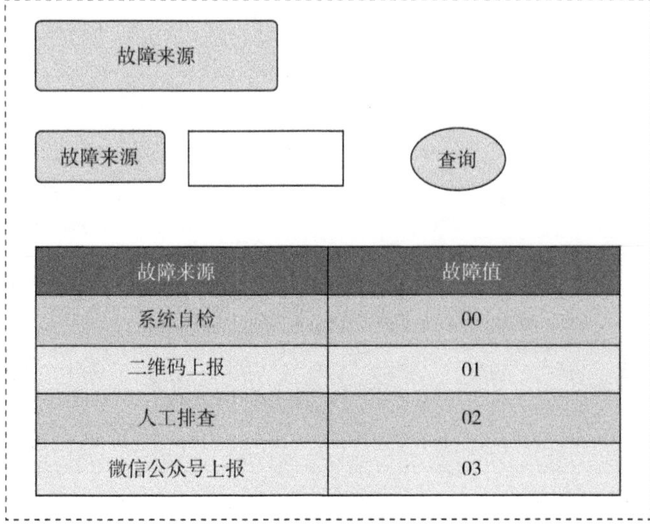

图 4-98　故障来源

4.9.5 设备状态监控

4.9.5.1 设备参数设置

首先要对设备的参数进行设置,如设置开机时间、关机时间、亮度、线路显示方式、发布信息显示方式、关机温度、告警温度等,如图4-99所示。

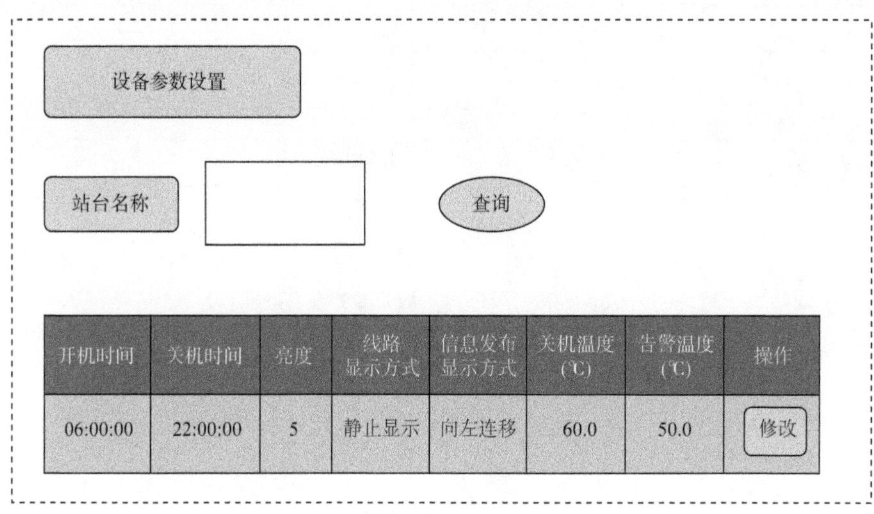

图4-99 设备参数设置

4.9.5.2 设备状态监控

设置好设备的参数之后,就可以对各个设备的状态进行实时监控和统计,统计结果如图4-100所示。

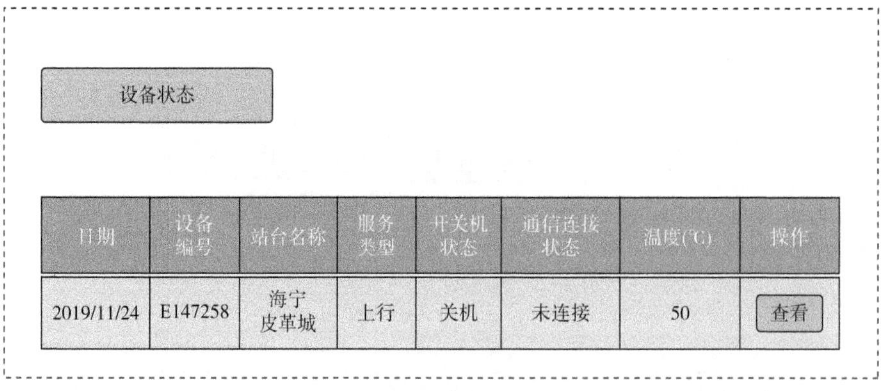

图4-100 设备状态

4.9.6　版本更新

4.9.6.1　版本管理

对版本更新进行管理，首先要对版本进行管理，主要记录版本号及地址，如图4-101所示。

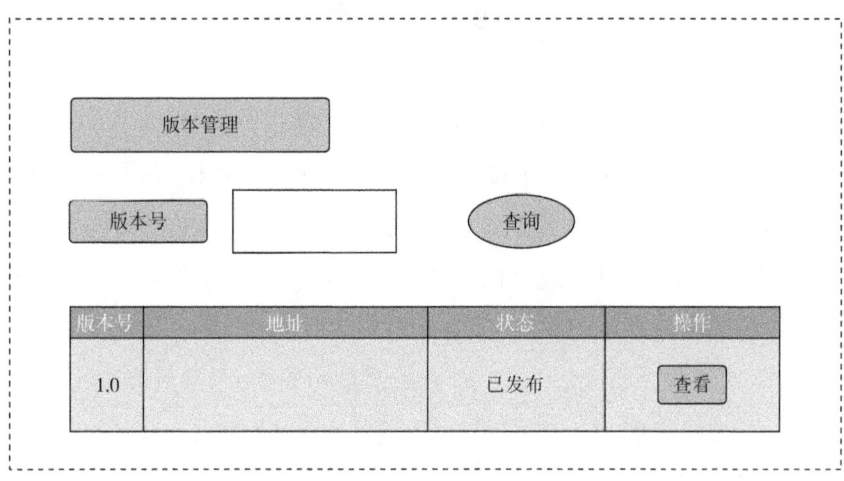

图4-101　版本管理

4.9.6.2　LED 设备升级管理

对各站台 LED 设备的升级管理，主要是记录设备地址以及设备状态，如图4-102所示。

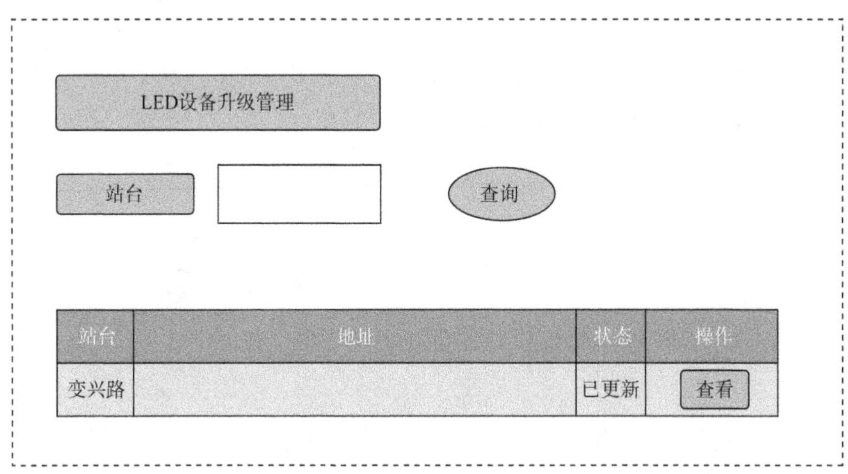

图4-102　LED 设备升级管理

第 5 章　智能公交物联网应用

5.1　物联网技术介绍

物联网技术(Internet of Things,IoT)是指通过信息传感设备,在互联网基础上,基于标准的通信协议,如 RFID(Radio Frequency Identification,无线射频识别)、蓝牙、Wi-Fi、LoRa、NB-IoT(窄带物联网)等无线通信技术,构造一个万物互联的网络。在物联网中,物理世界任何物体都与网络相连接,通过信息传播媒介进行信息交换和通信,实现物品的自动识别、智能操作和信息的互联与共享。

物联网典型体系架构分为三层,自下而上分别是感知层、网络层和应用层。感知层实现物联网全面感知的核心能力。网络层主要包括有线网 Wi-Fi、4G/5G(5th-Generation Mobile Networks,第五代移动通信技术)等网络通信基础设施。当前,随着 5G 商用,物联网将真正形成全面感知网络,在公共交通领域的应用也会全面落地。

到 2025 年,预计全球连接互联网的设备数量将增加到 754.4 亿台,这将产生海量的数据。数据成为物联网发展的驱动力,人工智能将广泛应用于物联网中,形成智能物联网。

物联网领域正在从集中式向云端到边缘的架构过渡,与边缘体系结构相关的各层将演变为更加非结构化的架构,其中包括由动态网格形式连接的各种“物”和服务。这种网状结构可以实现更灵活、更智能、响应更快的物联网系统,但通常也会带来额外的复杂性。

物联网、人工智能、5G 等新技术的应用可以提高公共交通的效率和安全性,实现智能出行、智能运营、智能服务。

5.1.1　RFID

RFID 是自动识别技术的一种,是一种非接触双向数据通信方式,利用无线射频方式对电子标签进行读写,实现识别目标和数据交换。

RFID 通过无线电波不接触快速信息交换和存储技术,使用无线通信结合数据访问技术,借由物联网系统连接到后端平台,可以实现一个智能交通的物联网系统。

在信号优先方案设计中采用了 RFID 技术,实现公交信号优先。

5.1.2　Wi-Fi

IEEE 802.11a 是基于 802.11 原始标准的一个修订标准，于 1999 年获得批准。IEEE 802.11a 标准采用了与原始标准相同的核心协议，工作频率为 5GHz，使用 52 个正交频分多路复用副载波，最大原始数据传输率为 54Mb/s，达到了现实网络中等吞吐量(20Mb/s)的要求。

由于 2.4G 频段日益拥挤，使用 5G 频段是 IEEE 802.11a 的一个重要演进，由于 5G 频段容易被墙体阻挡，其传输距离不及 IEEE 802.11b/g。此外 IEEE 802.11a 的频段也存在干扰问题，但由于在家庭和办公场景中使用 5G 频段的设备不多见，干扰信号不多，通常 IEEE 802.11a 吞吐量比较高。

目前 Wi-Fi 标准已经演进到 IEEE 802.11ax，即 Wi-Fi 6，又称为高效率无线标准(High-Efficiency Wireless，HEW)。IEEE 802.11ax 支持 2.4GHz 和 5GHz 频段，因此兼容 IEEE 802.11a/b/g/n/ac。可以支持室内室外场景，未来可作为公交物联网的一种方案。

在 Wi-Fi 技术演进过程中，目前广泛用于物联网的低功耗 Wi-Fi 模块可用于需要串口透传的物联网设备、消费设备、计量设备、智能家居网关、智能照明、智能插座和灯具、婴儿监视器、网状网络、传感器网络、工业控制等领域。

5.1.3　ZigBee

ZigBee 是基于 IEEE 802.15 标准的通信协议，是为解决蓝牙的不足而提出的。ZigBee 同样具有低功耗的特性，网络容量大(65000 节点)，针对的目标也同样是工业自动化、智能家庭、遥测遥控等物联网应用。ZigBee 技术标准成熟，应用广泛，有着超过 10 年的应用历史。硬件制造商也有数量众多、技术成熟的 ZigBee 应用，例如德州仪器 CC2400/CC3400 系列无线系统级芯片(System on Chip，SoC)，内置了包括 ZigBee 在内的多种协议栈，同时还嵌入了 8051/ARM Cortex-M3 CPU，使得数据的采集、处理、传输可以在单一的芯片上完成，实现真正的片上系统。但是稍高的功耗、稍短的距离以及复杂的网络配置是 ZigBee 应用推广的劣势。

5.1.4　蓝牙

蓝牙 4.0 是蓝牙 3.0+HS 规范的补充，是一种低成本和低功耗的无线短距离通信解决方案，可广泛用于智能穿戴、智能交通、智能家居等领域。

蓝牙支持双模式和单模式两种部署方式。双模式中,低功耗蓝牙功能集成在现有的经典蓝牙控制器中,也可以在经典蓝牙技术上增加低功耗堆栈,构造一个低成本的整体架构。

单模式主要用于高度集成、紧凑的设备,通过一个轻量级连接层提供超低功耗的待机模式操作、简单的设备恢复和可靠的点对多点数据传输。公交物联网中,近程传输低功耗场景中非常适合采用蓝牙技术。

5.1.5 NB-IoT

3GPP(Third Generation Partnership Project)组织 2016 年发布了窄带物联网(NB-IoT)标准,成为全球范围内的低功耗广域物联网的解决方案,成为物联网推进应用部署的里程碑。NB-IoT 基于运营商现有的 LTE(Long Term Evolution,长期演进)技术和网络,在大幅精简底层协议栈的基础上实现了低功耗和深覆盖,可满足长待机、大容量的低速率业务要求,更适合静态、对时延低敏感、非连续移动、实时传输数据的业务场景。由于 NB-IoT 技术的成熟及标准化,国际漫游亦成为可能,使得物联网设备可以很方便地接入 5G 网络。在 2017 年 6 月,工信部发布了《关于全面推进移动物联网(NB-IoT)建设发展的通知》,要求加强 NB-IoT 标准与技术研究,打造完整产业体系以及推广 NB-IoT 在细分领域的应用。未来基于 B-IoT 的公交物联网应用具有广阔前景。

5.1.6 LoRa 技术

LoRa 是由 LoRa 联盟推出的一种低功耗、远距离通信系统,主要由两层结构构成:物理层(LoRa 调制方式)和 MAC(Media Access Control,媒体介入控制层)层(LoRa WAN 协议)。LoRa 物理层使用的主要技术为线性扩频调制技术,较适用于远距离、低吞吐的低功耗通信。LoRa 工作在 ISM 频段,其使用的频谱由 LoRa 联盟依据各国和地区的无线电标准制定。LoRa WAN 则是开源的 MAC 层协议。

LoRa 协议采用典型的星形拓扑网络。在网络中,网关是中继和转发节点,用于转发服务器和节点之间的通信。网关对于节点是完全透明的。LoRa 网关以 TCP/IP 方式与服务器连接,通过 LoRa 或 FSK 调制方式与节点连接。LoRa WAN 支持双向通信,通信基本以上行(节点→网关→服务器)方式为主。同样,LoRa WAN 并不支持两个节点之间直接的双向通信;两个节点之间的通信至少要经过一个网关的中继才可以实现。LoRa 的主要优势是:传输距离远,在一般城市环境中传输距离为 1km,信道环境较好的条件下可以达到 10km 以上;网络容量大,在传输数据量和时间间隔较小的情况下,一个网关可以容纳上万个节点,优势明显。LoRa 可以作为低功耗广域网在公交应用中的解决方案之一。

5.2 公交走廊物联网设计与实现

5.2.1 公交路侧节点设计

基于 WSN 在智能公交领域的应用,可以高效、便捷地管理整个公共交通。WSN 系统所使用的主要通信方式是 ZigBee,而 WSN 系统除了数据通信之外的一项重要功能是实现车辆定位计算,其主要定位技术是基于 IEEE 802.15.4/ZigBee 的无线信号强度定位技术,大部分定位方案主要是基于指纹算法,在此基础上采用机器学习、深度学习等技术进行优化,提高 ZigBee 定位精度[18]。

在 WSN 系统的基础上搭载不同的应用程序,实现在站台对不同场景下的公交车辆的管理。设计的智能公交物联网辅助管理系统分为停靠位置管理、辅助报站及公交信号优先三大部分,如图 5-1 所示。

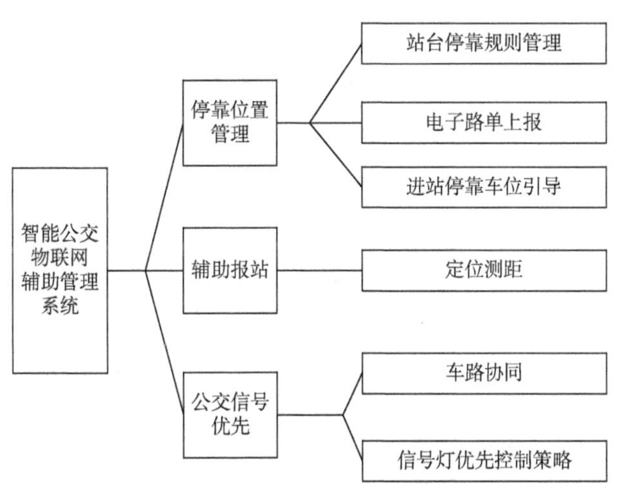

图 5-1 智能公交物联网辅助管理系统示意图

根据 ZigBec 网络的组成,将硬件节点分为车载节点和路侧节点。

车载节点为 ZigBee 终端节点,主要负责采集车辆信息并发送至 ZigBee 协调器节点。车辆信息包括车辆 ID(Identity Document,身份标识号)信息、驾驶员信息、车辆位置信息等。

路侧节点包括 ZigBee 协调器节点和核心计算管理单元。ZigBee 协调器节点负责汇总 ZigBee 网络中 ZigBee 终端节点发送的所有数据；核心计算管理单元负责核心计算以及具体业务实现。

5.2.2 车载节点

车载节点实现两类功能：一是正常业务功能，此功能完成具体业务需求，负责采集车辆信息并发送至 ZigBee 协调器节点；二是自身管理功能，此功能保证设备正常工作及功能更新，包括不正常工作复位、通过 RS232 实现设备软件更新以及电池供电低电压检测报警。

车载节点硬件结构框图如图 5-2 所示，主要包含四个模块：ZigBee 无线通信功能模块、RS232 总线模块、485 总线模块、电池电源管理功能模块。车载终端与车载调度终端通过 RS232 进行双向通信。

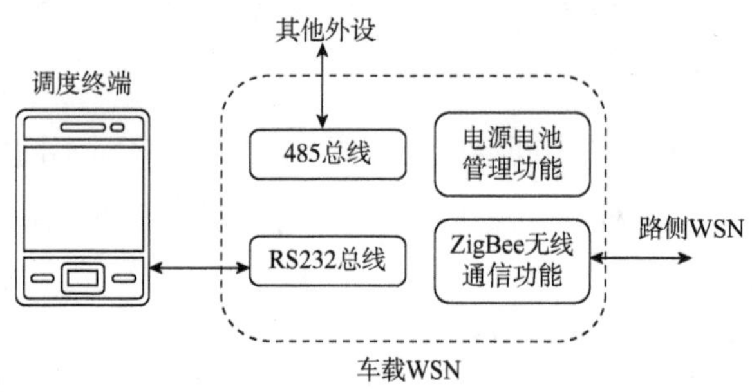

图 5-2　车载节点设备硬件结构图

5.2.3 路侧节点

路侧节点具有两类功能：一是正常业务功能，此功能完成信息管理需求，接收车载节点上传的车辆信息（包括车辆 ID 信息、驾驶员 ID 信息、车辆位置信息）；二是自身管理功能，此功能保证设备正常工作及网络设置，包括不正常工作复位、网络不正常复位、通过 ZigBee 网络实现设备网络设置。

路侧节点包括 ZigBee 协调器节点和核心计算管理单元。ZigBee 协调器节点负责汇总 ZigBee 网络中 ZigBee 终端节点发送的所有数据。

路侧节点的硬件平台由五个部分组成：ARM 核心处理器、ZigBee 模块、4G 模块、电源模块。

路侧节点的硬件结构如图 5-3 所示，主要有 ZigBee 协调器、核心处理单元（ARM）和电源管理功能部分。ZigBee 协调器负责与下行的 ZigBee 网络完成数据交换，由 ZigBee 通信管理模块和 UART/USB 组成。ZigBee 通信管理模块实现 ZigBee 无线通信功能和 ZigBee 网络管理功能。UART/USB 实现与定位管理模块的通信功能。

业务功能处理单元为 ARM 平台，负责通过上行的 4G 网络将数据传至后台服务器，主要功能为实现主要业务、4G 无线通信、系统自我维护、通过 UART/USB 与 ZigBee 协调器通信。

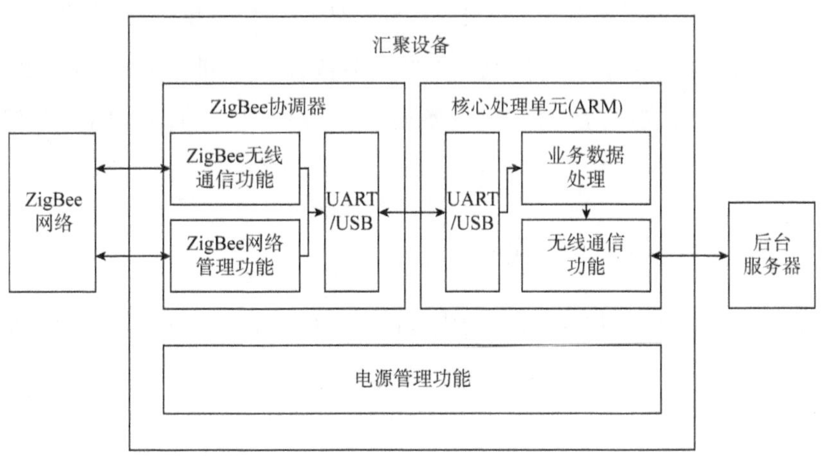

图 5-3　路侧节点设计框图

5.2.4　定位模块

定位模块是由雷达测距模组搭载 CC2530 的处理器模块，采用封闭式分体防水探头设计而成的一款高性能测距模组，它具备一定的防尘防水等级，适用于潮湿、恶劣的测量场合（图 5-4）。适用于较小盲区的检测条件，测量精度为±(1cm+S×0.3%)（其中，S 为测量值），传感器中心频率为 40kHz。具有盲区小、测量精度高、响应时间短等优点，主要用于对泊位内的车辆进行测距。

图 5-4　超声波模块

CC2530是德州仪器开发的一款成熟的基于ZigBee协议的片上系统解决方案，也是现在工业上应用最广泛的系统解决方案。CC2530的处理器部分采用增强型的8051内核，无线收发模块采用高性能的射频技术，RAM(Random Access Memory，随机存取存储器)容量达到了8K，Flash闪存有32/64/128/258K四种型号可供选择，并具有多种工作模式可供选择。CC2530主要用于将DYP-A02YYxx-V1.0系列模具所测得的数据通过ZigBee终端传输给路侧节点，路侧汇聚设备使用该数据对当前泊位内的车辆进行违规判决。

5.2.5 通信协议设计与实现

主程序主要完成以下几个功能：初始化、ZigBee通信部分、与服务器通信部分、主要业务功能不处理部分。各个功能模块之间用多线程方式完成。整个主程序流程如图5-5所示。

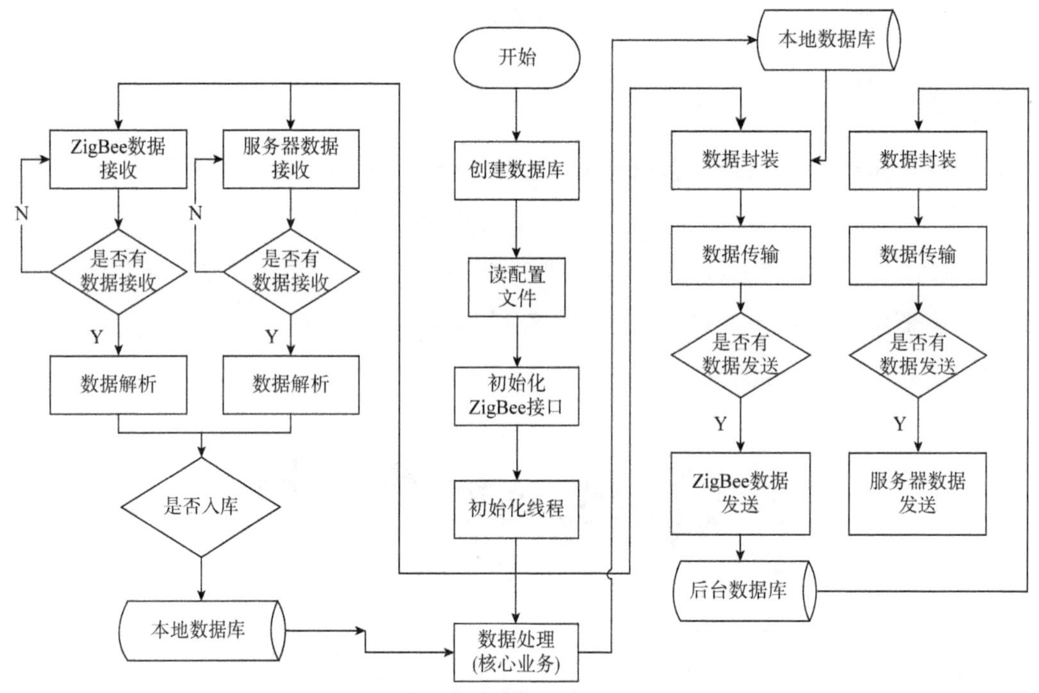

图5-5 主程序设计流程图

程序开始之后，首先是读取配置文件与各功能模块的初始化。

①ZigBee的初始化。因为CC2530和处理器的通信方式是串口，这种通信方式的主要特点是所需要的数据线比较少，可以节约通信成本，尤其是在长距离通信中。因为其实串行传输，其传输速度比并行传输的速度低。

②与服务器的通信连接。根据连接启动的方式以及本地套接字要连接的目标，套接字之间的连接过程可以分为三个步骤：服务器监听，客户端请求，连接确认。

③多线程部分。根据整体的系统模型，将不同的功能模块通过多线程的方式。

④日志系统。会在上面这些功能模块中使用，对系统运行状况进行记录，保存在汇聚设备的文件系统中。

⑤系统保障。设备配有硬件和软件看门狗，确保设备正常工作。

第6章　车路协同技术发展现状与公交走廊应用

6.1　车路协同技术介绍

近年来,随着技术的发展和进步,提出了车路协同系统,为解决交通拥堵问题提供了新的思路。车路协同系统采用物联网、人工智能、自动驾驶、5G通信等前沿技术,全面实现车车、车路、车人动态实时信息交互与融合,充分实现人、车、路的有效协同。

目前,车路协同系统在智能交通领域的应用取得了很大的进步。下面对车路协同系统在应用中的具体实例进行详细介绍。

(1)基于信号灯的交叉口车辆安全通行[19]

一旦车辆驶近信号灯控制的交叉口,此时路侧系统需要将交通信号(如信号灯状态、交叉口交通标示以及交叉口通行规则等)通过数据交互系统及时发送给车载设备,车载设备接收到交通信号时,需要结合自身行驶状态信息(如车速、是否有行人或者其他障碍因素等),计算不停车通过路口所需车速,并将其在第一时间内推荐给驾驶人。

(2)基于信号灯的交叉口车速引导控制

车辆从交叉口上游驶向交叉口并且距离交叉口有一定距离时,车载设备可以通过获取到的路侧系统所发送的信号灯状态信息(主要有信号灯的颜色、该颜色信号灯的剩余时间以及信号灯的下一个状态),结合自身的信息计算出最佳车速值,引导驾驶人的行车速度;根据此速度,驾驶人可以在不停车的情况下正常通过交叉口。

(3)基于路侧检测的人车冲突预警

智能路侧系统可以检测到过街行人,并将该信息发送给附近的车辆,智能车载设备根据危险程度给出预警提示。

(4)基于行车客观条件的限速预警和控制

当路侧设备检测到行车客观条件异常时,如遇雨雪雾天气和路面积水、结冰等情况,路侧系统将设定的限速通过车路交互的方式发送给经过的车辆,提示驾驶人减速,保证安全行驶。

(5)突发事件检测预警辅助

如果智能路侧系统检测到突发事件,路侧系统将该信息及时发送给靠近的车辆,其他车辆的智能车载设备根据危险程度给出预警提示,避免事故发生。

虽然车路协同技术在我国起步比较晚,但是随着不断的创新发展,车路协同技术已经在我国多个城市得到了应用。未来,通过使用车路协同系统,可以实现交通系统安全、高效的目标,利用有限的道路资源达到目标的最大化。

6.1.1　车载系统关键技术

近年来,车载系统在向智能化和在线化的方向发展,车载系统通过智能化芯片技术、车载 Wi-Fi 模块技术、公共无线网络智能交互技术等的融合与交叉[20],实现了全新的智能车载系统。下面对车载系统的关键技术做详细的介绍。

6.1.1.1　智能化芯片技术

智能化芯片技术将智能手机的功能导入车载导航系统中,从而使车载系统可以像智能手机一样进行联网升级,使车载系统实现智能化。

智能化芯片可以快速确定驾驶车辆的精确位置。如果车辆处于信号不好的地段(如居民区、高架桥下)时,智能化芯片技术将配合车联网设备中的其他传感器,确保车辆定位的精确度。高精度的芯片技术推进了导航地图的精细化,随着地图的精细化,路况信息及线路规划的精度也得到了一定的提高。

6.1.1.2　无线网络技术

(1)车载 Wi-Fi 模块技术

在车载导航系统内植入 4G/5G+Wi-Fi 网关模块,配置以太网端口,内置 Wi-Fi 功能。通过与运营商的合作,车载设备可以与基站进行通信,通过运营商的接入点连接至网络,用于导航系统地图的实时更新、路线规划及车辆定位,并且可以用于其他终端设备(如笔记本电脑、手机等)。该无线网络信号可以覆盖周边一定的范围(根据模块性能的差异会有一定的不同),可以使汽车变成一台移动的无线路由器,大大方便出行。目前国内部分城市公交已经实现 Wi-Fi 覆盖。

(2)公共无线网络智能化技术

车载 Wi-Fi 技术虽然便捷实用,但存在运营费用以及用户资费问题。对用户免费的商业模式目前还不太清晰。汽车前装市场集成无线网络接入,通过与运营商合作,集成到车载终端,解决网络接入问题,汽车成为一个移动的“大手机”。通过友好的人机交互界面,使用户获得信息服务,从而真正实现智能网联汽车。

6.1.2 路侧系统关键技术

车路协同系统基于先进的物联网感知和无线通信等技术,实现车与车、车与路实时双向通信,进行全时空动态交通信息采集和融合,在复杂动态交通环境中,全面感知车、路状态,提高城市交通的安全与效率,是未来智能交通系统的关键技术。

智能路侧系统作为智能车路协同技术的关键技术之一[21],以先进的智能化信息服务为主要目标,利用深度学习、边缘计算、物联网等新一代信息技术搭建科学合理的方案,利用计算机视觉、物联网定位、5G 通信技术实现对交通流量、突发事件、交叉口行人信息、道路信息、客流信息等数据的采集与分析处理。智能路侧系统的关键技术具体包括以下几点。

6.1.2.1 交叉口行人信息采集

传感器、感知对象和观察者构成了无线传感器网络的三个要素。交叉口行人信息采集可以通过部署无线传感器网络,路口部署行为感知摄像头,形成自组织通信网络,系统可以将感知对象的信息发送给观察者。

目前人群识别技术主要采用计算机视觉技术,实现场景中的人群智能监控,主要采用人体目标特征分析法、行为检测、群体目标检测和人脸识别技术等。

6.1.2.2 多通道交通状态信息采集与传输技术

多通道交通状态信息采集与传输系统包含采集系统和传输系统两个子系统。典型的多通道数据采集系统主要是将多个通道的数据进行并行采集,采集完成后将数据送入微处理器进行数据处理。微处理器是数据采集的关键部件,决定了整个系统的结构和性能。经过微处理器的处理之后,数据通过通信接口进行传输,并且通过存储设备进行存储。

6.1.2.3 智能路侧设备

集成短距离通信模块、低功耗广域通信模块、4G 模块等多种通信模式,采用高性能边缘计算模块,分析车路协同路口信息,结合人工智能分析技术的研究成果,开发具有无线通信和数据智能处理功能的智能路侧设备,满足复杂场景中的车路协同系统应用的需求。

6.1.2.4　基于智能视频分析的路侧交通状态检测技术

基于智能视频分析的路侧交通状态检测系统能对行人和非机动车进行识别、轨迹跟踪和预判等,实现了对路口交通状态的精确分析,基于计算机视觉技术识别交通状态信息,通过智能路侧设备传输到调度中心系统,车辆即时速度、行人和非机动车识别、车辆排队长度、大小车区分、轨迹跟踪和预判等信息可以实时共享与发布,通过路侧设备向指定区域的车辆发布,达到信息共享和车路协同的目的。

智能路侧设备作为智能车路协同技术的关键设备,以智能交通服务为目标,对交叉口行人信息、多通道交通状态信息等进行采集、传输、处理、服务与综合治理,实现车车、车路动态实时信息交互,完成全时空动态交通信息采集和融合,从而缓解交通压力,提高路网效率。

6.1.3　车车/路通信技术

车路通信(Vehicle to Everything,V2X)是指车辆与车辆、路侧设备、行人及网络等外界对象之间的信息交换。V2X 包括 V2V(Vehicle to Vehicle,车—车)、V2I(Vehicle to Infrastructure,车—基础设施)、V2P(Vehicle to Pedestrian,车—行人)、V2N(Vehicle to Network,车—网络)等通信模式及技术[22]。

V2X 应用对象主体是交通环境下的车辆,主要系统指标包括延时、可靠性、数据速率、通信覆盖范围、移动性、用户密度、安全性等。

当前,LTE-V(Long Term Evolution-Vehicle)是 3GPP 标准演进的方案,LTE-V 采用广域集中式蜂窝通信(LTE-V-Cell,LTE-V 蜂窝)和短程分布式直通通信(LTE-V-Direct,LTE-V 直通)两种模式。

由于车辆具有高速移动的特性,需要考虑车辆在不同路侧单元(Road-Side Unit,RSU)覆盖范围内频繁切换的延时问题,其中小区切换是关键问题。V2V 应用中,车辆与周围多辆车辆需要保持通信,为了达到低时延的要求,需要保持端到端的通信连接,另外在 V2I 应用中,由于网络覆盖存在多种制式,兼容性问题也是 V2X 的研究问题。

LTE-V 采用多天线技术改善通信,充分利用了频谱效率,能够极大地减少用户间干扰,有效抵抗多径衰落的影响,提高通信质量,从而可以承担更高的用户密度。

LTE-V 车路通信是车联网的核心技术。基于 LTE-V 的车联网,实现车辆、行人、基础设施、网络之间的互联互通,通过网络连接,构建交通大数据平台,通过数据驱动智能服务。

在道路安全方面,车车通信可实现交通故障提示、路口安全提示、静止车辆提示、变道辅助、预碰撞提示、前向碰撞提示、信号灯提示等应用。通过信号优先、车路协同等技术提高管理水平。

6.2 车路协同公交走廊应用

6.2.1 站台管理

系统架构如图 6-1 所示。根据高点车辆视频识别设备上的摄像头,实时拍摄泊位及公交专用车道情况。视频流进入路侧终端的人工智能深度学习多目标跟踪模块,可进行公交车辆和社会车辆的轨迹跟踪。

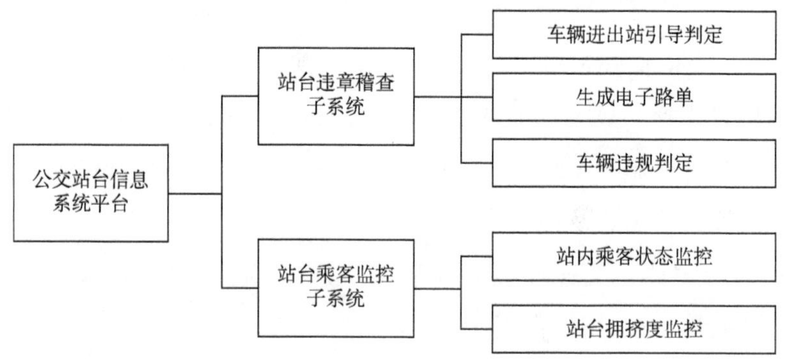

图 6-1 路侧程序设计流程图

当公交车辆进入到距公交站台 100m 的范围内时,站台稽查设备与公交车辆进行短程通信,每隔 1s 车载节点会将车辆信息(如驾驶员 ID、车辆编码、线路信息等)发送到路侧节点,路侧节点根据相应的定位算法,拟合出公交车辆的位置,并生成相应的公交车辆进站协议,通过 4G 传输到后台服务器。

人工智能深度学习多目标跟踪模块分为三个部分:检测部分、跟踪部分、匹配部分。检测部分采用深度学习目标检测算法,检测出视频帧中的公交车辆和社会车辆;跟踪部分采用深度学习网络的跟踪算法,跟踪视频中的公交车辆和社会车辆运行轨迹;匹配部分采用匹配算法,关联两个视频帧间车辆。

对追踪到的公交车辆轨迹进行分析,当公交车辆停靠时,会触发摄像头抓拍相应的照片,根据深度学习目标检测算法,判断是否出现不入位停车、斜插停靠、压线停靠、并排停靠及停靠位置距站台超过行业规定距离现象,并在 WSN 路侧节点的主控模块与相应的车辆信息结合,通过车辆违规停靠协议发送到后台服务器。

当站台没有公交车辆停靠或驶过时,路侧终端根据摄像头的视频流进行智能判断,根据轨迹分析和目标检测判断是否有社会车辆在公交站台占用公交泊位停靠、是否有社会车辆在公交站台前后 50~100m 的公交专用车道内行驶,将检测出的违章车辆车牌号、违规类型及相应图片发送到后台服务器,并控制摄像头进行抓拍。

根据乘客视频识别设备摄像头,实时拍摄站台所有泊位、候车区、行驶车道等区域。视频流进入路侧终端的人工智能深度学习多目标跟踪模块,进行乘客和候车区目标定位。

路侧终端的人工智能深度学习多目标跟踪模块实时检测出视频流中乘客和候车区位置,统计检测出的乘客数量,计算站台拥挤度,并将相应的信息传输到 WSN 路侧节点中。在路侧主控软件中进行数据整合,生成相应的协议并发送到后台服务器。当乘客被检测到处于候车区域外,路侧终端截取相应视频发送到后台服务器。

在公交站台出站方向,安装一套高点车辆视频识别设备,摄像球机能够周期性监控站台进站方向公交专用车道 50m、站台出站方向公交专用车道 100m 范围内社会车辆的行驶和泊车状态,并能识别车牌号。

高点车辆视频识别设备用立杆安装在首车停止线前 8m 左右,具有视频采集、车牌识别、数据存储、与系统平台远程通信、与公交车短程通信等功能,配备的摄像球机能够周期性扫描监控区域。高点车辆视频识别设备通过站台的电子站牌取电,具有防雷击、抗低温、防破坏等安全措施。

如有社会车辆在公交站台进站方向 50m 和出站方向 100m 的公交专用车道内行驶,当车辆视频识别设备的摄像头扫描公交专用车道时,在无公交车遮挡的情况下,能够识别出违章的社会车辆车牌号,存储车牌号和违章视频,同时向站台信息系统平台上传,系统平台再传送给交通警察执法系统。

6.2.2　信号机状态获取

公交信号优先系统部署如图 6-2 所示。路口部署两台 WSN 路侧设备,识别公交车辆。信号优先申请设备(汇聚设备)与信号机相连接,3 台 WSN 路侧设备建立通信网络,进行数据双向传输,实现公交信号优先。

信号优先申请设备(汇聚设备)通过 4G 网络与调度中心连接,实时将路口信号机状态、公交车辆状态上报至调度中心。

当公交车辆驶近路口时,WSN 车载节点连接路侧设备,发送优先申请,车载设备判定与应答,发送优先申请,信号机应答,汇聚节点反馈信息,上传至管理平台(图 6-3)。

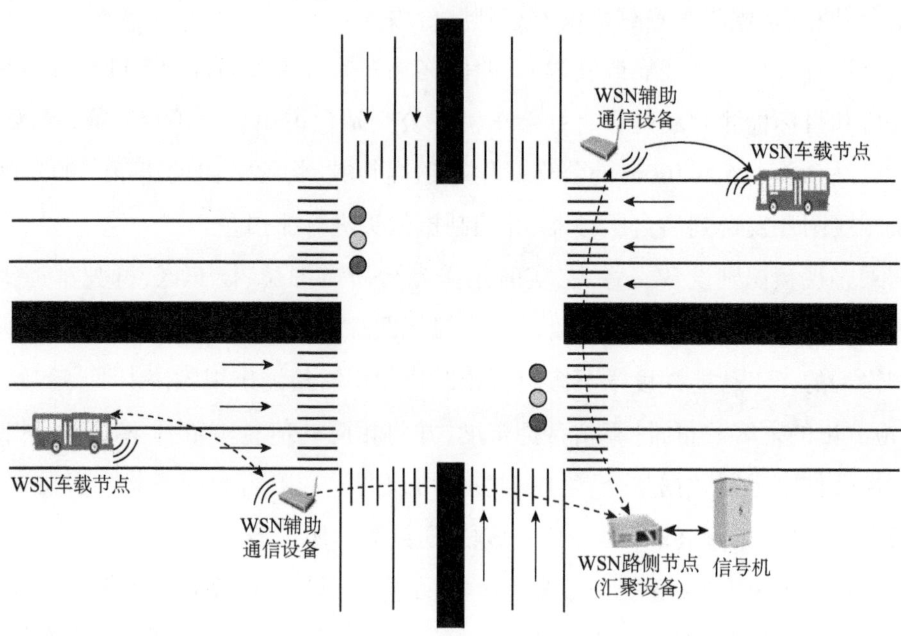

图 6-2　公交信号优先系统部署图

6.2.3　建议车速提示

当公交车辆靠近路口时,通过 WSN 车载节点与路侧设备通信;路侧设备根据当前路口状态,给出合理车速,把建议车速反馈给车载节点;车载节点通过车载终端向驾驶员提示车速。近程通信时延短,双向通信实现车速提示。

6.2.4　闯红灯提示

当公交车辆靠近路口时,路侧设备检测到车辆,与路侧优先申请设备通信,路侧优先申请设备与信号机通信,获得当前相位信息;与 WSN 车载节点、路侧节点通信,路侧终端根据当前路口相位信息,给出闯红灯预警,把建议车速反馈给车载节点,车载节点通过车载终端向驾驶员提示车速。近程通信时延短,双向通信实现车速提示。

当车辆达到交叉口时,通过车路通信,向车辆发布红绿灯相位和配时信息,提醒驾驶员不要危险驾驶,协助其做出正确判断和操作。另外,公交信号优先控制也可以通过车路协同技术实现。

6.2.5　车车协同

在道路交叉口应用场景中,车车协同系统可提供如下应用:

①当车辆在视距不足或无信号交叉口转弯时,通过车路通信,可以向准备转弯或在停

止标志前停车的车辆提供盲点区域的图像信息，从而防止车辆的直角碰撞事故。

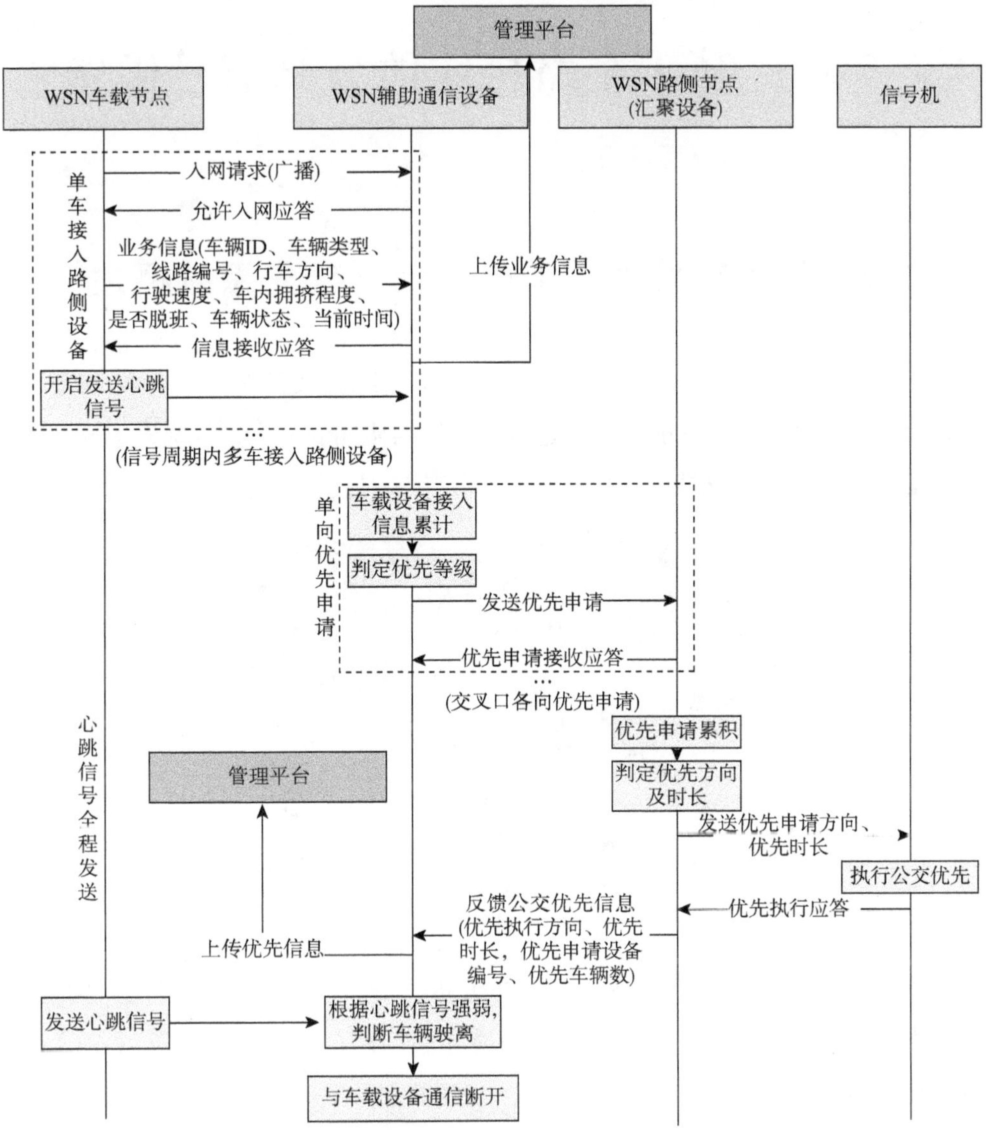

图 6-3　信号优先系统协议

②当车辆达到交叉口时，通过车路通信，把人行道及其周围环境的行人、自行车的位置信息发布给车辆，以防止机非、人机冲突。

③当车辆达到交叉口时，前车通过车路通信把启动信息及时传递给后车，以提高交叉口的通行能力；另外，前车向后车传递紧急制动信息，以避免追尾事故的发生。

④当发生交通事故或车辆故障时，事件可以发送到调度中心、急救中心及管理机构，通过车路通信实现信号灯优先控制的调度，多路口信号整体优化，更有效地使急救车辆快速通行，以便救援受伤人员和车辆。

第7章　基于车路协同的公交信号优先

7.1　基于车路协同的公交信号优先系统概述

为了提升整个公交走廊系统的管理水平和运营效率、落实公交优先战略，在新阳路公交走廊现有交通信号控制系统的基础上建设基于车路协同的公交信号优先系统。新阳路公交走廊全长约6.06km，如图7-1所示，是哈尔滨市区通往机场方向的城市主干道。

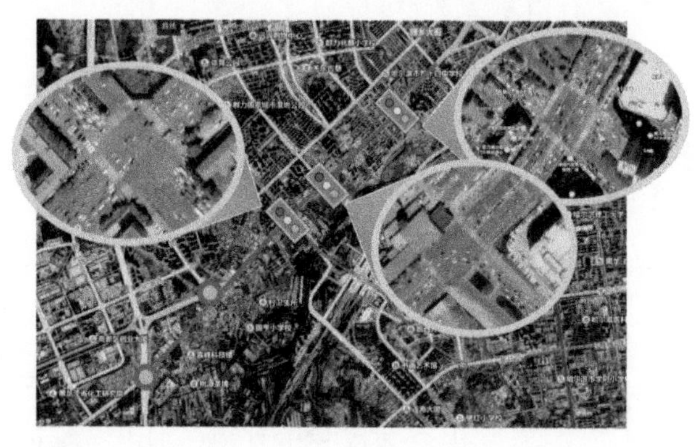

图7-1　新阳路公交走廊信号灯路口概况

因此，系统既要确保与已建系统的兼容和扩展，在提升系统的总体性能的同时，保障公交信号优先系统的整体性和一致性。该系统在新阳路公交走廊现有交通信号控制系统、正在建设的公交车智能调度系统和公交车视频监控系统的基础上，安装公交车载物联网WSN节点、路侧节点，融入物联网技术、车辆信息状态传感技术、辅助定位技术，构成的广域网、局域网和物联网三网互联的更实时、更准确的信息系统，实现公交信号优先，确保公交车的高效、安全、畅通运行[23]。

基于车路协同的公交信号优先的系统部署方案为：在道路信号灯路口的上下行机动车道停止线附近，各布设一套WSN路侧节点设备，用于及时与公交车上的车载节点建立连接，检测和采集专用道内通过、驶离路口的公交车辆信息，实现公交车辆与路口的协同；路口信号控制机箱附近布设一套处理节点设备（信号优先申请单元），用于接收路侧节点的信息，以确定车辆的类型与优先级别，决定是否向信号机发出优先申请信号，实现信号优先裁决,并及时通过协议发送给信号机,实现公交车辆到达与绿灯信号的协同。

7.2 基于车路协同的公交信号优先逻辑

公交信号优先(Traffic Signal Priority,TSP)是一种在信号交叉口为公交车辆提供优先选择的控制策略。传统上,当公交车从上游接近交叉口时发出 TSP 请求时,TSP 被激活。在大多数情况下,TSP 的策略是简单地延长或提前开始其原始绿灯时间。对于应该使用哪种策略,由一个带有历史数据的公交车到达时间模型在现场进行快速计算。如果公交车预计在原绿灯时间前不久到达,则绿灯时间提前开始;如果公交车预计在原绿灯时间后不久到达,则绿灯时间延长。

这种 TSP 逻辑在许多方面有其局限性。最重要的是,由于输入到模型中的数据过时,公交车到达时间的预测可能会有严重的偏差。对公交到达时间的错误预测会造成额外的 TSP 绿灯时间的浪费,造成不必要但巨大的负面效应。

基于 WSN 的车路协同系统可以向 TSP 提供当前的数据。在车路协同的环境中,每辆公交车安装 WSN 车载终端,通过亚米级的差分卫星定位,可以将公交车的车速、位置、是否脱班、车载人数等数据及时准确地传输给路侧的 WSN 节点,以交叉口路侧辅助信号优先申请单元进行裁决。信号优先申请单元则根据车辆的实时信息、申请优先的双向车辆情况,给出建议速度,以实现交叉口人均延误最小,最大化提高通行效率。本书参考了 Hu Jia 的 TSPCV[24]、TSPCVM[25]、GTSPCV[26]的算法流程,在站台、交叉口路侧、公交车上配备了 WSN 双向通信设备,借助差分卫星定位,实现了基于车路协同的公交信号优先的应用。

基于车路协同的公交信号优先可以实现车辆与路口信号机的协同,以合适的速度通过路口;可以实现双向公交车辆与路口信号的优先,通过路侧设备与双向驶近路口车辆的协同,使得双向车辆在同一优先绿灯相位时通过路口;可以实现站车路的协同,根据离站时间,提前向下一路口信号系统报告状态,申请服务。

7.2.1 基于车路协同的公交信号优先处理

公交信号优先是一种在信号交叉口为公交车辆提供优先选择的控制策略。主动优先的控制策略是基于公交车辆检测信息或系统发出的优先请求为特定的公交车辆提供优先服务。主动优先的控制策略通过实时地、动态地调整信号设置,克服了被动优先的控制策略中信号损失时间过多的缺点。该策略主要包括延长绿灯时间、缩短红灯时间两种[21]。

7.2.1.1 延长绿灯时间策略

当公交车在绿灯即将结束的时刻到达交叉口时,延长本相位的绿灯时间,以保证公交车能够顺利地通过交叉口。但绿灯的时间不能无限延长，即存在一个最大的绿灯延长时间 G_{max}，它是绿灯延长时间的极限。当相位绿灯时间达到最大绿灯时间时，强制结束当前的绿灯相位并转换相位。公交相位绿灯的最大绿灯时间，是按照一般信号相位控制计算所得到的绿灯时间。延长绿灯时间策略的原理如图 7-2 所示。

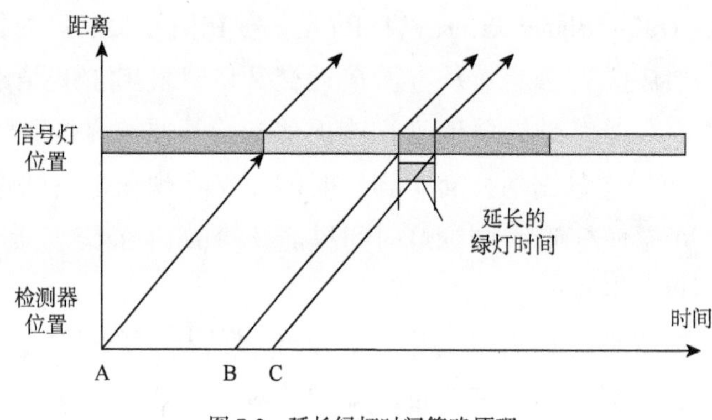

图 7-2　延长绿灯时间策略原理

7.2.1.2　缩短红灯时间策略

如果满足优先条件的公交车辆在信号灯为红灯的时候到达交叉口，则可以采取缩短目前相位，从而使下一个绿灯相位提前到来的方法实现公交车辆优先。

但是，相位的红灯时间并不是在任何时间都允许缩短。因此就存在一个最少的绿灯时间 G_{imin}。最少绿灯时间的确定主要考虑行人过街所需的最短时间。最短绿灯时间按式(7-1)计算：

$$G_{imin}=7+\frac{L_p}{v_p}-I \tag{7-1}$$

式中，L_p 为行人过街道路长度(m)；v_p 为行人过街步速，取 2.5m/s；I 为绿灯间隔时间(min)。缩短红灯时间策略如图 7-3 所示。

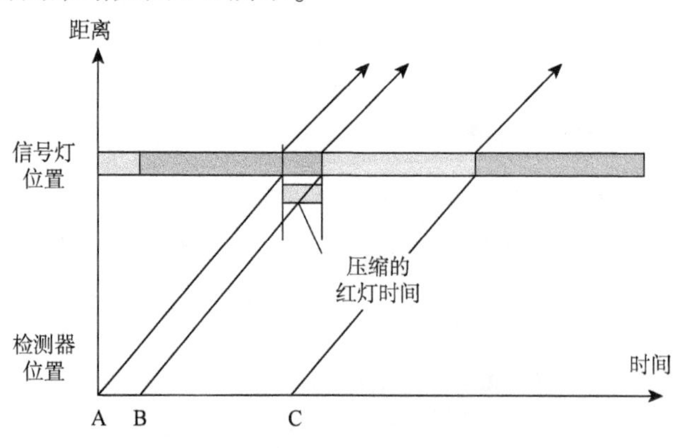

图 7-3　缩短红灯时间策略原理[23]

7.2.2 建议车速提示

基于车路协同技术实现路口信号优先最优(TSPCV)[24],路侧设备从信号机获取当前的信号相位及相位持续时间信息。当相位为红灯时,不进行处理,当相位为绿灯时,根据车辆位置及绿灯持续时间,结合路口信息,综合分析,路侧设备发送建议车辆行驶速度到车载节点,车载节点通过终端屏幕或者语音信息提示驾驶员行驶速度,使车辆安全通过(图7-4)。

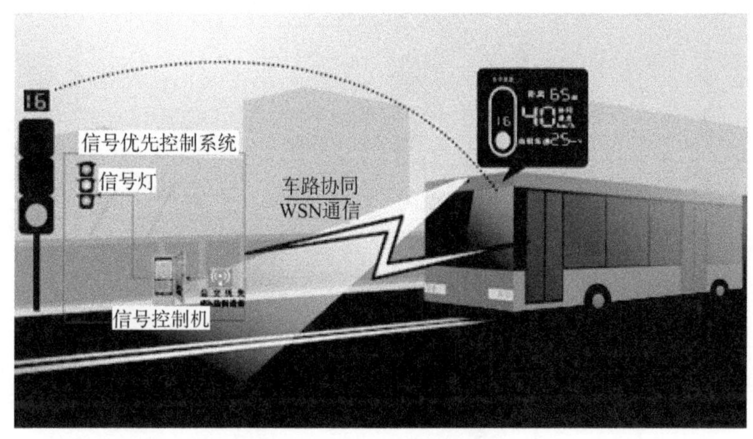

图7-4　建议车速提示示意

该逻辑是基于公交车可以与交通信号协同执行TSP的思想。与当前的TSP逻辑不同,在该逻辑中,接近交叉口的公交车发送优先权请求,而交通控制器试图在不附加交互的情况下容纳该请求。根据车辆是否脱班、车载人数、正常信号配时计划,议公交车以合理的速度行驶。所提出的TSP逻辑将实现绿灯时间的重新分配,换言之,所提出的TSP逻辑不是在原计时计划中增加额外的绿灯时间,而是将原绿灯时间分割并将其部分移动到公交车最需要绿灯时间的地方。此外,除了遵守信号周期之外,该逻辑还将把交叉口公交车辆上乘客的人均延误作为授予TSP绿灯时间的条件标准。因此,与基本的延长绿灯时间策略和缩短红灯时间策略相比,该逻辑预计不利的副作用有更多的控制。基于WSN的车路协同将提供公交车和交通信号控制器之间的双向通信,传递包括精确的公交车位置检测和预测、乘客人数以及车辆是否脱班的运营信息。图7-5在TSPCV[24]的基础上,依据本项目的车路协同设施设备特点做了更贴近道路情况的改进。该TSP逻辑充分利用了公交车与交通信号之间的协作,最大限度地提高了TSP的灵活性和性能。

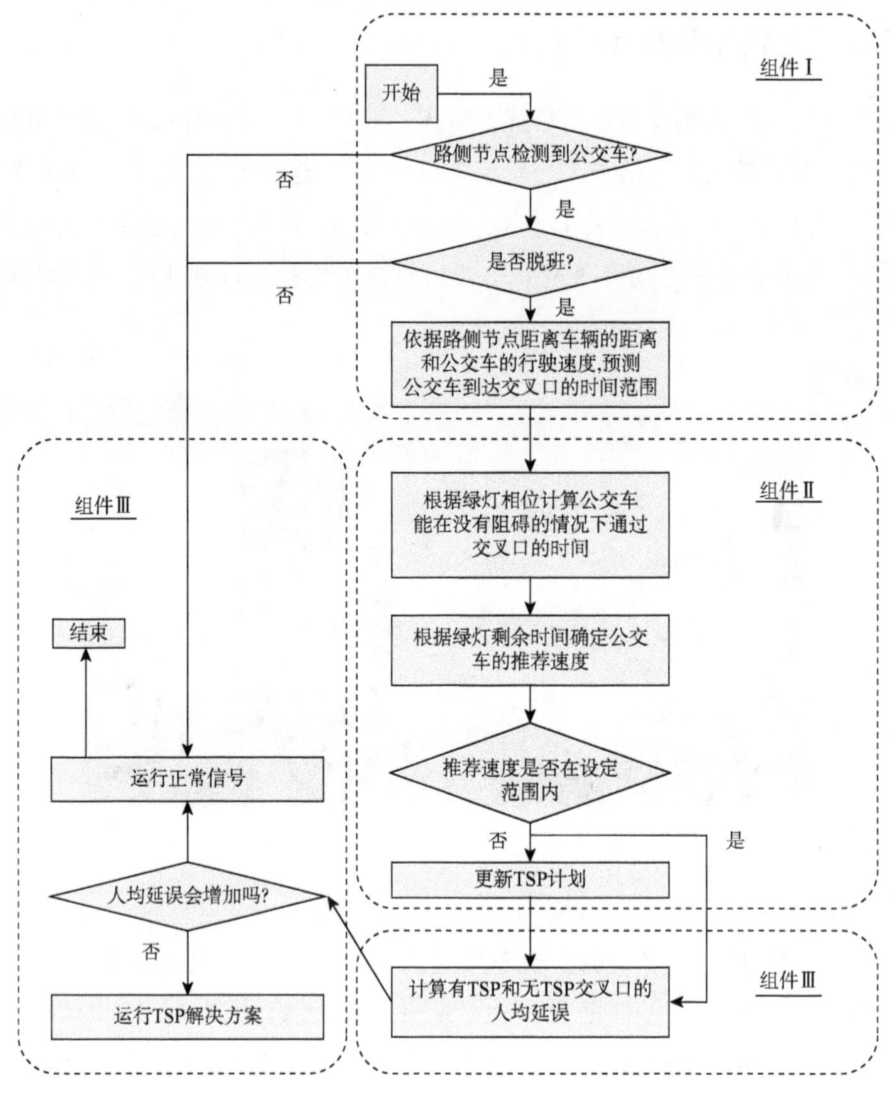

图 7-5　有近侧公交车站的一个公交场景

该逻辑以路侧节点是否检测到公交车为启动条件,逻辑启动后,是否脱班、班次间距、车上客流密度、车辆定位信息等均由车载 WSN 节点传输至信号优先申请单元进行判定,依据检测到公交车的路侧节点距离车辆的距离和公交车的行驶速度,预测公交车到达交叉口(图 7-6)的时间范围。到达时间 $T_{BusArrival}$ 由式(7-2)计算。

$$T_{BusArrival}=(D_a+D_b)/V \tag{7-2}$$

式中,D_a 为检测到的公交车与路侧节点的距离,依据公交车载节点提供的坐标与路侧节点坐标计算得到;D_b 为路侧节点与路口停止线的(信号优先申请单元的坐标代替)距离;V 为公交车的行驶速度,是一个变量,由公交车载节点提供。

由于路侧节点不止一个,每个检测到公交车的路侧节点 n,均对应一个路口到达时间

T_n,它们组合起来构成了到达时间范围 $T_{\text{BusArrival}}=\{T_1,T_2,\cdots,T_n\}$,$n$ 为公交车与路口间路侧节点的个数。

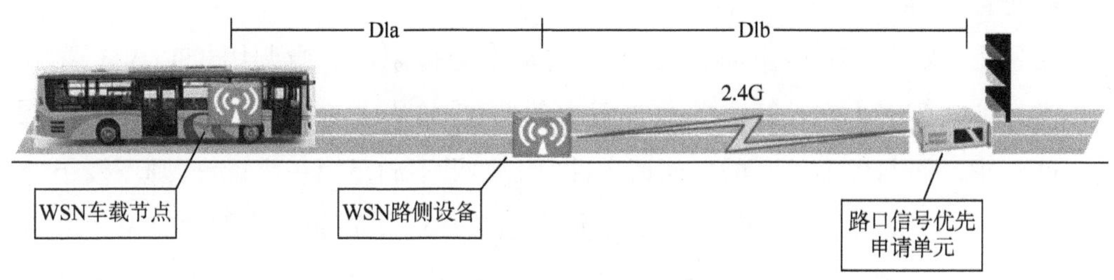

图 7-6 有近侧公交车站的一个公交场景

信号优先申请单元根据绿灯相位计算与公交车到达时间范围匹配的绿灯时间,若绿灯时间范围整体处于或早于公交车到达的时间范围,以绿灯时间范围作为公交车到达时间范围计算公交车的推荐速度;若推荐速度在设定范围内(0~60km/h),则不更新目前的信号相位,维持原有 TSP,并向公交车下发推荐速度;若计算的推荐速度大于 60km/h,则进行信号调整计算,更新 TSP 计划,在新的 TSP 计划下再次计算推荐速度并下发。

在确定 TSP 配时方案后,算法将 TSP 方案与正常信号方案进行比较。由于在车路协同环境可以知道车上乘客的数量,因此将使用人均延误度量。从 TSP 执行周期开始,计算三个连续信号周期的人均延误。TSP 配时方案只有当其对应的人均延误小于无 TSP 情形时才会实施。

在实施过程中,将执行两个主要步骤。首先,向公交车发出推荐速度的指令。第二,如果希望公交车通过十字路口,会给公交车一个缓冲绿灯时间。TSP 绿灯时间将延长到 5s,以适应随机延迟。

这种新的 TSP 利用了双向通信和连接车辆技术提供的附加和更准确的信息。它比传统的 TSP 能容纳更高比例的公交车。在不同的拥塞水平下,将其性能与传统的 TSP(CTSP)和无 TSP(NTSP)进行了比较,TSPCV 可以在不影响侧道的情况下,大大减少信号交叉口的公交延误。虽然在高峰时段的收益很小,但预计对街道的负面影响很小。与其他联网车辆应用相比,部署成本适中,只需要在公交车和交通信号控制器上进行设备升级。

7.2.3 双向公交车辆与路口信号的协同

基于车路协同技术实现双向公交车辆与路口信号最优(TSPCVM)[26-27],根据双向车辆综合信息与当前信号相位信息,按照合理的逻辑算法判断车辆优先与否。若获得优先策略,则向双向的公交车辆提示速度,让其在同一优先绿灯相位时通过路口。简言之,当公交车从上游接近交叉口时发出请求时,通过双向通信协议,实现公交车、信号机、路侧、驾驶员双向通信,实现公交信号优先。

每次公交车发送 TSP 请求时,TSPCVM 逻辑都会被激活。当调用 TSPCVM 逻辑时,它将在进行 TSP 配时方案计算之前检查两个条件:①检查公交车是否落后于计划;②验证此 TSP 请求是否与以前接受的任何请求冲突。如果不满足第一个标准,则不授予 TSP。如果不满足第二个标准,则逻辑退化为先前开发的 TSPCV 逻辑。在 TSPCVM[28] 的基础上,依据本项目的车路协同设施设备特点做了更贴近道路情况的改进,算法逻辑如图 7-7 所示。

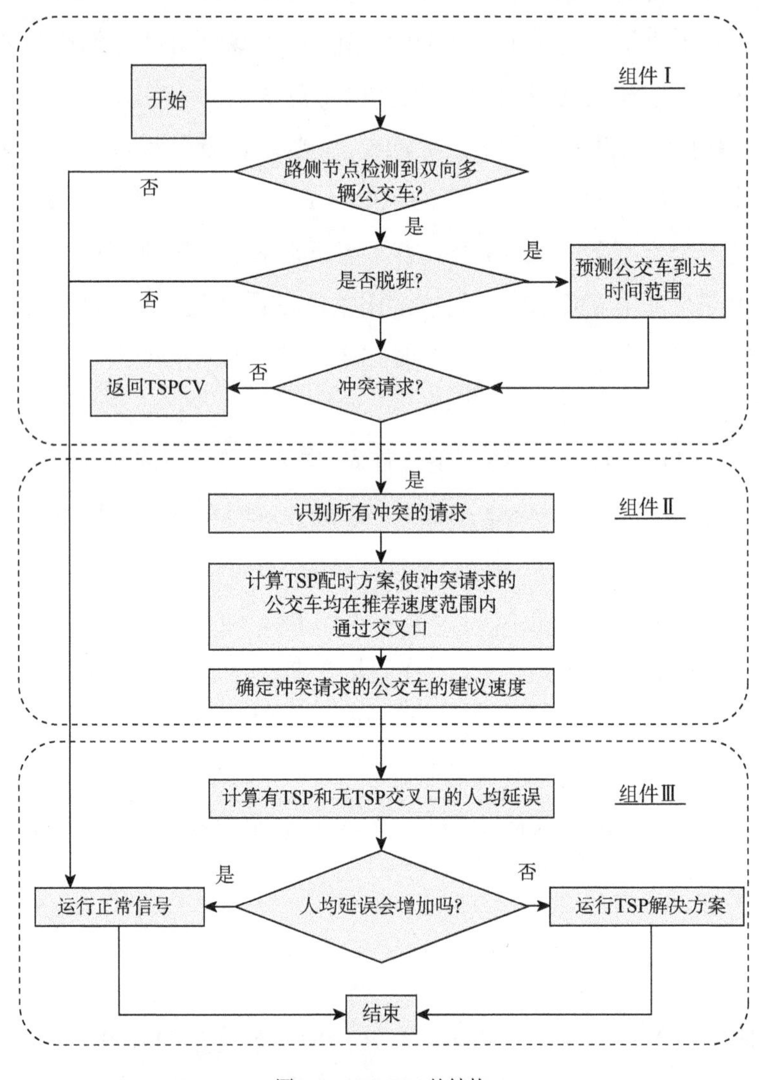

图 7-7 TSPCVM 的结构

该逻辑以信号优先申请单元检测到双向多辆公交车申请为启动条件。逻辑启动后，是否脱班、班次间距、车上客流密度、车辆定位信息等均由车载 WSN 节点传输至信号优先申请单元进行判定，依据检测到公交车的路侧节点距离车辆的距离和公交车的行驶速度，预测每辆公交车到达交叉口的时间范围。到达时间范围的计算方法如前文所述。

若双向公交车辆到达交叉口的时间范围冲突，信号优先申请单元根据绿灯相位计算与公交车到达时间范围匹配的绿灯时间，若绿灯时间范围整体处于或早于双向公交车到达时间范围，以绿灯时间范围作为公交车到达时间范围，计算双向公交车辆的推荐速度。若双向公交车辆的推荐速度在设定范围内(0~60km/h)，则不更新目前的信号相位，维持原有 TSP，并向公交车下发推荐速度；若计算的双向公交车辆的推荐速度至少有一个大于60km/h，则进行信号调整计算，通过绿灯延长、红灯缩短、部分绿灯时间提前等策略更新 TSP 计划。在新的 TSP 计划下再次计算推荐速度，直到计算的双向公交车辆的推荐速度在设定范围内(0~60km/h)后，将 TSP 方案与正常定时方案进行比较。由于在车路协同环境下很可能知道车上乘客的数量，因此使用人均延误指标度量。从 TSP 实现周期开始，计算多个连续信号周期的人均延迟。TSP 配时方案仅在其对应的人均延迟小于无 TSP 情形时才得以实施。

这种方式克服了传统的"先来先得"策略所带来的挑战，并在公交车上表现出显著的改善。同时，还最大限度地减少了由提供 TSP 绿灯时间引起的中断，降低了系统实施成本。利用双向通信和连接车辆技术提供的附加和更准确的信息，能够适应多个相互冲突的 TSP 请求，解决了最优信号配时问题，使交叉口的总延误最小化。通过确定所容纳的公交车辆的总数和顺序，最大限度地缩短了公交车辆的延误，而最小限度地减少了所有驾驶员的延误。采用 TSPCVM 逻辑算法，在中等容量条件下，公交延误降低了约 40%~50%。与传统的 TSP 相比，TSPCVM 逻辑算法可以将公交延误降低 5%~48%。

7.2.4　公交车辆的走廊信号协同算法

基于车路协同技术实现走廊公交车辆的信号全局优化 TSP(GTSPCV)[27]，实现公交车辆在走廊内的信号协同，通过交叉口时最大范围获得绿灯，减少公交车辆在走廊内的总延误，并降低对走廊内非公交车辆的影响，实现公交车辆在走廊内绿灯通行效率最高、总延误最小。

GTSPCV 逻辑是建立在 TSPCV 逻辑的基础上的。如图 7-8 所示，所提出的 TSP 逻辑是绿灯时间的重新分配，换句话说，所提出的 TSP 逻辑不是在原来的计时计划中增加额外的绿灯时间，而是将原来的绿灯时间分割，并将其部分补偿到公交车最需要绿灯的时候。此机制确保充分利用所有 TSP 绿灯时间。与传统的 TSP 逻辑相比，将不必要的 TSP 绿灯时间降到最少。

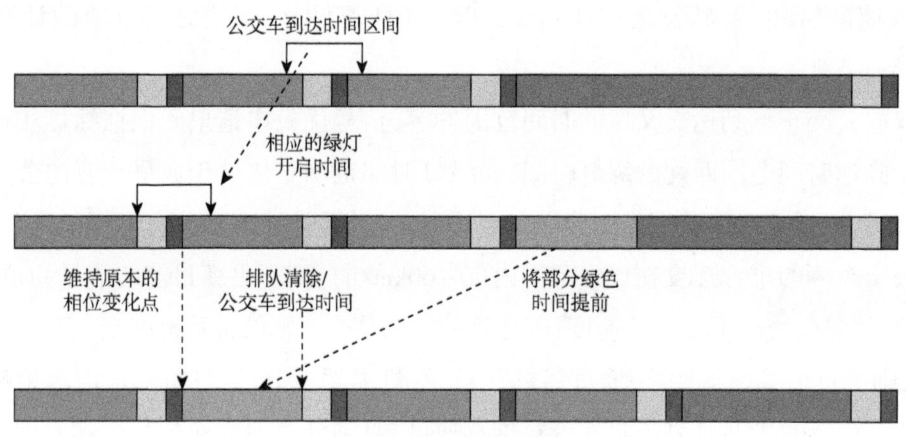

图 7-8　绿灯时间再分配示意图

最后，基于是否脱班和人均延误两个标准，有条件地授予 TSP 绿灯时间。车路协同技术实现公交车与交通信号控制之间的双向通信，并提供信息（包括准确的公交车位置检测和预测，以及乘客数量）。只有当公交车可以在没有阻抗的情况下通过走廊，并且新的计时计划不会同时对其他交通用户造成不利影响时，才会授予 TSP。GTSPCV 逻辑如图 7-9 所示。

该逻辑以信号优先申请单元是否检测到公交申请为启动条件，逻辑启动后，是否脱班、班次间距、车上客流密度、车辆定位信息等均由车载 WSN 节点传输至信号优先申请单元进行判定，依据检测到公交车的路侧节点和车辆的距离、公交车的行驶速度，预测公交车到达交叉口的时间范围。到达时间范围计算如前文所述。

则公交车到达临近路口 X 的时间范围是 $T_{\text{BusArrival}} = \{T_1, T_2, \cdots, T_n\}$，公交车到达临近下一路口 Y 的时间范围是 $T_{\text{BusArrival}} = \{T_1, T_2, \cdots, T_j\}$，$n$ 为公交车与路口 X 间路侧节点的个数，j 为公交车与路口 Y 间路侧节点的个数。

X 与 Y 路口的信号优先申请单元根据绿灯相位计算与公交车到达时间范围匹配的绿灯时间。若绿灯时间范围整体处于或早于公交到达时间范围，以绿灯时间范围作为公交车到达时间范围，计算公交车的推荐速度；若推荐速度在设定范围内（0～60km/h），则不更新目前的信号相位，维持原有 TSP，并向公交车下发到达 X 路口的推荐速度和到达 Y 路口的推荐速度。若计算的到达 X 路口的推荐速度和到达 Y 路口的推荐速度至少有一个大于 60km/h，则进行信号调整计算，通过绿灯延长、红灯缩短、部分绿灯时间提前等策略更新 TSP 计划。在新的 TSP 计划下再次计算推荐速度，直到到达 X 路口的推荐速度和到达 Y 路口的推荐速度在设定范围内(0～60km/h)后，将 TSP 方案与正常定时方案进行比较。由于在车路协同环境下很可能知道车上乘客的数量，因此使用人均延误指标度量。从 TSP 实现周期开始，计算多个连续信号周期的人均延误。TSP 配时方案仅在其对应的人均延误小于无 TSP 情形时才得以实施。

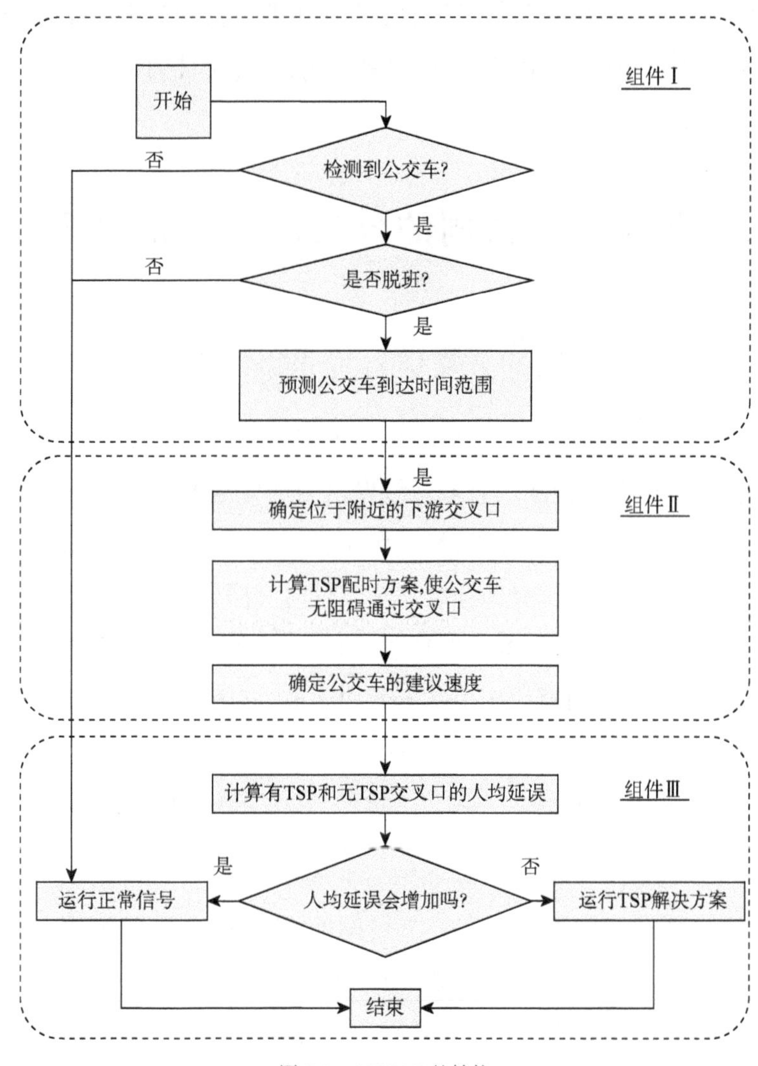

图 7-9　GTSPCV 的结构

在确定 TSP 配时方案后，算法将 TSP 方案与正常定时方案进行比较。由于在车路协同环境下，可以获取车上乘客人数，因此采用人均延误指标度量。从 TSP 执行周期开始，在预定义的持续时间内计算人均延误。在本研究中，TSP 计时计划只会在其对应的人均延误小于无 TSP 情形时执行。

这种智能 TSP 逻辑方式确保在走廊上产生的移动性效益,从而使上游交叉口节省的公交延误不会在下游交叉口浪费。GTSPCV 利用了双向通信和由连接车辆技术提供的附加和更准确的信息,考虑交叉口的协调和公交车的行进,为公交车提供更多的时延节省,与传统的 TSP 相比大大减少了信号交叉口的公交延误,公交车延误可降低 35% ~ 68%。GTSPCV 适合于小型网络,可产生更大的效益。

在不同的拥挤条件下,包括近容量交通量条件下,对于低于通行能力的拥堵水平,GTSPCV 不会产生不良影响。当交通量达到通行能力时,预计对侧街的不利影响很小,但延误增加很小,每人不到 1s。

7.3 基于车路协同的公交信号优先实现方法

7.3.1 基于车路协同的公交信号优先系统架构

公交信号优先是一种在信号交叉口为公交车辆提供优先选择的控制策略。主动优先的控制策略是基于公交车辆检测信息或系统发出的优先请求为特定的公交车辆提供优先服务,通过实时地、动态地调整信号设置,克服了被动优先控制策略中信号损失时间过多的缺点。该策略主要包括延长绿灯时间、缩短红灯时间两种优先策略。

公交信号优先系统的体系结构根据功能不同,主要由信号优先请求生成模块、信号优先请求处理模块、信号灯控制模块三个基本模块组成,如图 7-10 所示。

图 7-10　信号优先系统基本模块

其中信号优先请求生成模块由车载节点设备、路口路侧设备组成,信号优先请求处理模块为信号优先请求汇总设备。车载节点安装在公交车辆前挡风玻璃处,路口路侧设备安装在路口停止线附近的高杆上(如路口红绿灯高杆上),信号优先请求汇总设备安装在信号灯控制机旁边。车载节点设备与路口路侧设备通过 ZigBee 网络进行通信,并把公交车辆的设备 ID 和运营状态信息,包括线路编号、车辆编号、当前班次号、行驶方向、客流负荷、当前速度、运行状态等,经过车载节点设备发送到路口路侧节点。路口路侧节点设备与信号优先请求汇总设备通过低功耗物联网进行通信,并把优先请求发送给汇总设备。汇总设备根据当前班次、客流负荷、运行状态、优先车辆总数,对所有优先请求进行优先级别排序,然后给信号灯控制机发送优先请求,给予符合条件的车辆优先信号。

7.3.1.1 功能描述

(1) 公交车辆感知

路侧节点设备及时准确地感知识别公交车辆,是公交信号优先的前提条件。本系统中正确的公交车辆感知是车载终端能够在指定的误差范围内第一次把 OBU 信息上传给路侧设备。第一次上传 OBU 信息帧的位置在距离路口 150m(±10m)处,此时判断路侧设备 ID 是否在此终端的路侧设备 ID 表中。若不在,车载终端主动离开网络,并不再加入此网络;如果路侧设备 ID 表中存在此路侧设备 ID,车载终端把终端 ID 以及公交车辆的运营状态信息帧上传给路侧设备。

(2) 优先等级判断

汇总设备对上传的运营状态信息进行分析,计算出公交车辆的优先级别,结合当前时间信息、需要优先车辆的数量以及优先管理平台下发的优先信息,判断是否要给路口的信号控制机发送优先申请指令。

运营状态信息通过串口 RS232 从公交调度终端获取,包括线路编号、车辆编号、当前班次号、行驶方向、客流负荷、当前速度、运行状态等。优先等级判断主要用到行驶方向、客流负荷、运行状态、班间距以及当前排队优先车辆数量等信息。

①行驶方向(直行、左转、右转):根据公交车辆固定的行驶轨迹预先设定每辆公交车在路口的行驶方向。

②客流负荷[满载、一般、轻载(包括空车)]:根据本条线路所有运营公交车从发车到目前的总刷卡量,判断这条线路的客流负荷状态。

③运行状态(应急、晚点、正常、提前、无效):根据公交车辆预设的线路状态,得到它通过此路口的预设时间,并与实际通过时间对比,判断公交车辆是否晚点。

④班间距(过大、正常、过小):信号优先管理平台把当前公交车的通过时间与上一辆同路公交车通过时间做比较,得出班间距。如果班间距过大,就向路侧设备发指令,使当前优先级别加 1;否则,不予处理。

⑤当前排队优先车辆数(1 辆或多辆):信号优先管理平台统计当前排队的优先公交车数量,如果为多辆公交车,就向路侧设备发指令,使当前优先级别加 1;否则,不予处理。

优先等级判断策略见表 7-1。

优先等级判断表　　表 7-1

客流负荷	运行状态				
	应急	晚点	正常	提前	无效
满载	1	2	3	6	0
一般	1	2	4	6	0
轻载	1	2	5	6	0

把优先级别分为六个等级 1、2、3、4、5、6。等级 1 为最高等级，从 1 到 6 依次递减，0 为无效等级。

(3)信号控制

信号控制设备接收路侧设备发来的信号优先指令，并根据指令调整信号灯相位。

(4)驶离判断

当车辆驶离路口后，汇聚节点监控由车载终端上传的 OBU 信息帧，如果连续 6s 内没有收到 OBU 信息帧，则可以认为汇聚节点与车载终端连接中断，就此判断公交车辆已驶离路口。汇聚节点将该车在记录表中做驶离标记。

汇聚节点将车辆通过记录通过 4G 发送给信号优先管理平台，记录到“运营公交车通过记录表”。

信号优先系统逻辑体系结构如图 7-11 所示，主要包括：

①信号优先请求生成模块：生成信号优先请求并通过 LoRa 发送至信号优先请求汇总设备；计算出该公交车到达十字路口的估计时间；计算出该公交车离开十字路口的估计时间；接收来自信号优先请求处理模块发送过来的优先请求状态。

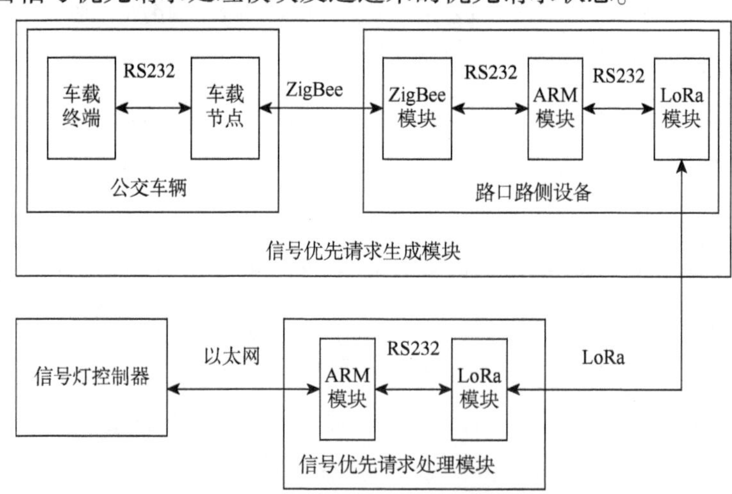

图 7-11　信号优先系统逻辑体系结构

②信号优先请求处理模块：接收来自各信号优先请求生成模块的优先请求；确定不同优先请求的优先顺序；回复来自信号优先请求生成模块的优先申请结果；给信号灯控制机发送优先申请命令并接收申请结果；日志记录所有的优先申请和结果，该日志可以上传交通管理中心。

③信号灯控制模块：接收来自信号优先请求处理模块的优先申请命令；回复优先申请结果至信号优先请求处理模块；控制信号灯执行优先请求命令。

(5)节点功能

①车载节点：车载节点安装在车辆前挡风玻璃附近，负责从调度终端获取运营状态信息；与路侧节点通信，发送运营状态信息。

②路口路侧节点：路口路侧设备安装在路口停止线附近的交通信号灯横杆上，通信距离设定为150m左右。负责感知公交车上的车载节点、采集公交车运营状态信息、计算车辆到达停车线的时间、在车载节点开始连接和断开连接时生成优先申请指令和车辆驶离标志、向信号优先请求汇总设备发送信号优先申请指令。

③信号优先请求汇总设备：信号优先请求汇总设备与信号控制机布设在一起，负责路口路侧设备通信、计算各路口方向驶来公交车的信号优先等级并通过以太网发送信号优先指令至信号控制机。

7.3.1.2　应用场景描述

(1)业务系统

无限传输系统分为两部分，一部分是信号优先请求生成模块内利用ZigBee进行通信，另一部分是路口路侧节点和优先申请汇总设备之间利用LoRa进行通信。ZigBee是一种短距离、低功耗的无线通信技术，其特点是近距离、低复杂度、自组织、低功耗、低数据速率、低成本。主要用于自动控制和远程控制领域，可以嵌入各种设备。LoRa相比与ZigBee拥有更远的传输距离，可作为低功耗物联网通信方案。

一个完整的业务流程有两个无线传输过程。一个是车载节点通过ZigBee把运营状态信息传给路侧设备，另一个是路口路侧设备通过LoRa把优先申请指令传给信号优先请求汇总设备。

信号优先请求生成系统的核心是一个嵌入式设备，它通过串口接收第一个无线传输系统发送来的运营状态信息，利用运营商网络与后台进行通信，并通过LoRa无线模块向优先申请汇总设备发送优先申请指令。

(2)工作流程

车载调度终端把公交车辆的运营状态信息通过串口传送给无线传输子系统的车载终端模块。如果此时车载终端进入无线传输子系统的路侧汇聚设备的范围(大概离路口150m的位置),则会把运营状态信息帧上传到路侧汇聚设备。路侧汇聚设备通过RS232接口与嵌入式设备连接,把接收的数据发送给嵌入式处理器。

嵌入式处理器经过处理计算得到此公交车辆的到达时间,并生成信号优先申请指令,发送到信号优先请求汇总设备,信号优先请求汇总设备对收到的优先申请指令进行优先级排序,对优先级最高的优先申请指令向信号灯控制机申请优先。同时,嵌入式设备通过4G模块将车辆编号及车辆通过记录上传到信号优先管理平台,后台根据车辆优先上传数据等信息生成“运营公交车通过记录表”。至此完成信号优先申请的过程。

车载终端设备一般安装在公交车辆中控台中间靠近挡风玻璃的位置,要求其天线部分无金属遮挡。

路侧设备的安装位置对整个系统的通信场景、施工取电等都有很大的影响。路侧设备安装到交通信号灯横杆上是最好的选择,或者在旁边另立杆安装路侧设备,尽量保证其在停止线附近。这是为了施工取电方便,可以节约很大一部分成本。

安装时,应注意尽量选择无遮挡位置,安装位置一般高于3m,汇聚的天线要面向车辆驶来的方向。为了使准确地判断车辆驶离,可以在车辆驶离的一面放置一块金属屏蔽层来遮挡这一侧的无线信号。

信号优先请求汇总设备需要与信号灯控制机安装在一起,该设备的天线需要露出。

7.3.2 信号优先系统部署

在公交走廊信号灯路口的上下行机动车道停止线附近,各布设一套WSN路侧路由节点/辅助数据通信设备,用于及时与公交车上的车载节点建立连接,检测和采集走廊内通过、驶离路口的公交车辆信息。路口信号控制机箱内布设一套路侧节点设备,用于车辆的类型与优先级别,从而实现信号优先裁决功能。

基于WSN的公交信号优先系统主要由以下几种设备来实现,如图7-12、图7-13所示:

(1)信号优先申请单元,设置在交叉口信号机内或信号机附近,用于读取公交车辆上WSN车载节点信息,并通过RJ45、继电器输出与交通信号控制系统连接,做信号的传输通信;同时,定期获取信号机状态信息(相位、周期等),结合公交车辆运行速度、距离路口位置等信息,计算生成速度建议等信息,经由辅助通信设备,发送至车载节点。

(2)WSN 车载节点,安装在每台受控的公交车辆,用于车辆信息身份识别。

(3)信号控制机,进行交通信号的配时调整,达到绿灯延迟,红灯提前。

(4)WSN 路侧设备,设置于路段车辆停止线附近(具体位置根据路口状况确定)。内置多种无线通信模式,支持多种无线通信模式接入。实时发送信号灯相位及配时信息,接收车载节点信息。与信号优先申请单元进行信息交互,可实现专用短程通信。提供智能多模式通讯管理,支持协同工作。

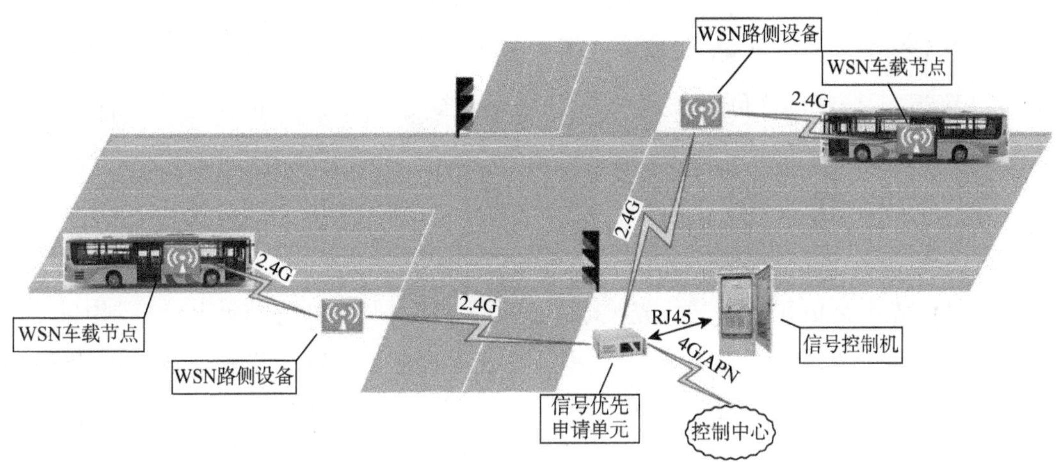

图 7-12 信号优先系统逻辑体系结构

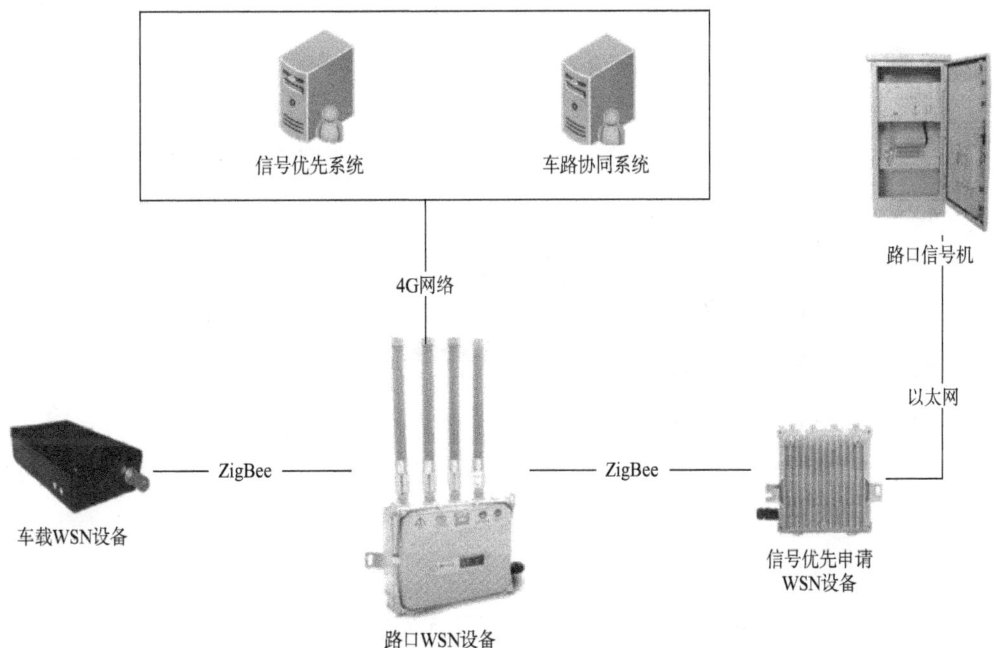

图 7-13 信号优先系统路口网络图

(5)控制中心服务器,安装在控制中心的服务器机房,进行路口公交车辅助定位信息的处理和优先策略下发。

7.3.3 信号优先车路协同的通信

7.3.3.1 通信流程与数据

(1)通信流程

①公交车辆信息经由 WSN 路侧节点感知并传输到信号优先申请单元:通过 WSN 路侧节点与 WSN 车载节点之间的交互得知公交车辆到达的信息并传输至信号优先申请单元。

②信号优先申请单元对公交车辆信息进行处理,根据优先策略机制进行计算和优化,进行信号优先裁决,得到公交优先策略。

③信号优先申请单元将公交优先策略下发到路口控制机,并将结果上传控制中心。

④路口信号机执行公交优先策略,根据自身优先程序直接进行优先控制,同时将信号控制结果发送给 WSN 车载节点。

(2)通信数据

①车载 WSN 设备→路口 WSN 设备

车载 WSN 设备通过 ZigBee 通信,把线路、车辆、GPS、速度、客流量、脱班、应急事件等信息发送给路口 WSN 设备。

②路口 WSN 设备→信号优先申请 WSN 设备

路口 WSN 设备通过 ZigBee 通信,把线路、车辆、GPS、速度、客流量、脱班、应急事件等信息发送信号优先申请 WSN 设备。

③信号优先申请 WSN 设备→路口 WSN 设备

信号优先申请 WSN 设备通过 ZigBee 通信,把当前路口的相位信息、红绿灯时间、能通过路口的建议行驶速度等④数据发送路口 WSN 设备。

④路口 WSN 设备→车载 WSN 设备

路口 WSN 设备通过 ZigBee 通信,把当前路口的相位信息、红绿灯时间、能通过路口的建议行驶速度等数据发送给车载 WSN 设备。

⑤路口 WSN 设备→后台系统

路口 WSN 设备通过 4G 网络把路口公交车辆优先的数据发给后台系统。

信号优先时序图如图 7-14 所示。

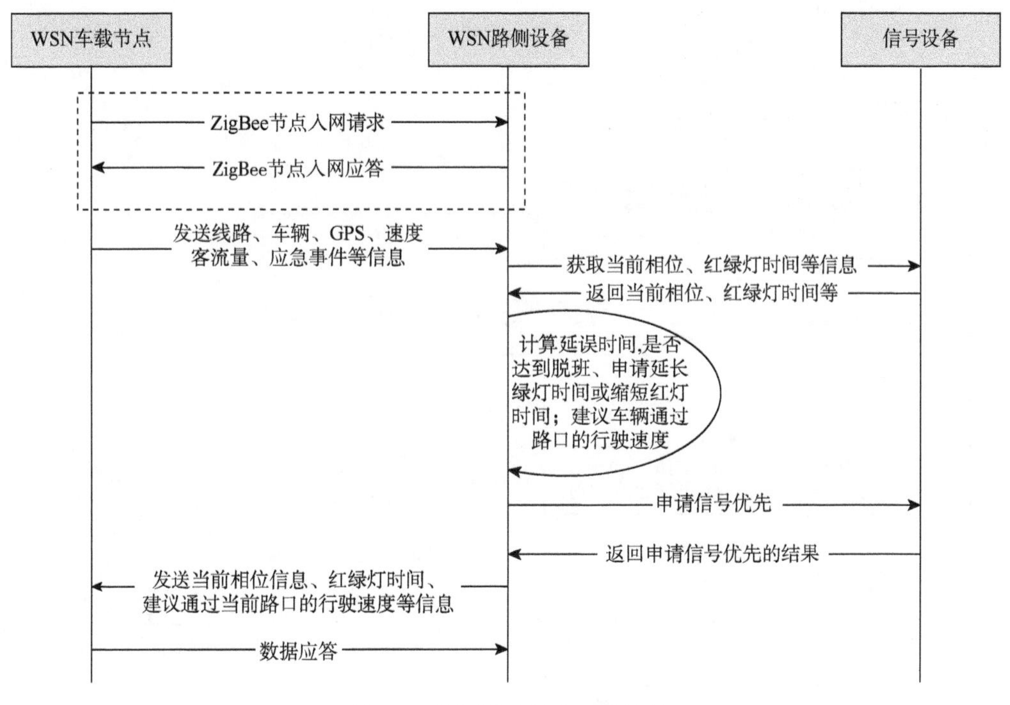

图 7-14　信号优先系统路口网络图

7.3.3.2　实现逻辑

信号优先实现逻辑如图 7-15 所示。该逻辑以路侧设备检测到 ZigBee 入网请求为启动条件,逻辑启动后,路侧设备进行节点入网应答,并接收线路、车辆、位置、速度、客流量、应急事件等信息,计算延误时间、班次间距、客流密度等参数。路侧设备的信号优先申请单元,对是否脱班、班次间距、车上客流密度、车辆定位信息等进行判定,依据检测到公交车的路侧节点距离车辆的距离和公交车的行驶速度,预测公交车到达交叉口的时间范围。

路侧设备信号优先申请单元获取路口当前相位及最近的绿灯时间范围,计算与公交车到达时间范围匹配的绿灯时间。若绿灯时间范围整体处于或早于公交车到达时间范围,以绿灯时间范围作为公交车到达时间范围,计算公交车的推荐速度。若推荐速度在设定范围内(0~60km/h),则维持原有 TSP,并向公交车下发推荐速度。若计算的推荐速度大于 60km/h,则进行信号调整计算,调整部分绿灯时间,更新 TSP 计划,根据新的绿灯时间范围再次计算推荐速度并下发。速度下发前,将更新的 TSP 计划与原计划比较,TSP 计划只有当其对应的人均延误小于无 TSP 情形时才会实施,并将 TSP 方案下发至信号控制机。

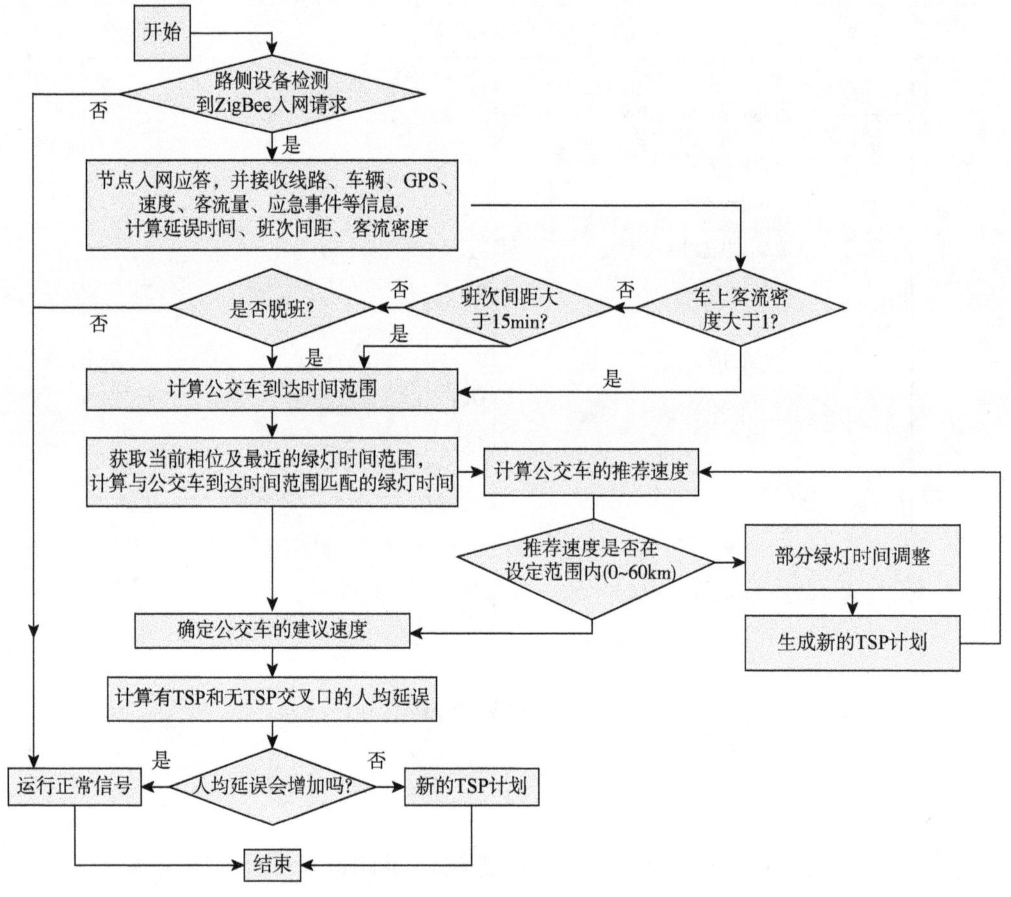

图 7-15　信号优先系统路口网络图

第 8 章　新技术展望

8.1　自动驾驶应用

自动驾驶是汽车工业与人工智能、视觉计算、激光雷达、车路协同、5G 通信、卫星定位等前沿技术深度融合的产物，是目前和未来全球汽车与交通领域热点领域。为了区分和定义自动驾驶技术成熟度，国内外有关组织对自动驾驶分级进行了定义。目前比较权威的两个分级制度分别是由美国高速公路安全管理局（简称 NHTSA）和国际自动机工程师学会（简称 SAE）提出的。

SAE 制定了 J3016 自动驾驶分级标准，将自动驾驶技术分为 L0 ~L5 共六个等级。L0 代表无自动化，需要人类驾驶者全权操作。L1 代表驾驶支援，针对方向盘和加/减速其中一项操作提供驾驶支援，其他由驾驶者操作。L2 代表部分自动化，针对方向盘和加/减速中多项操作提供驾驶支援，其他由驾驶者操作。L3 代表有条件自动化，由无人驾驶系统完成所有驾驶操作，根据系统请求，人类驾驶者提供适当操作。L4 代表高度自动化，在限定的道路和环境中可由无人驾驶系统完成所有驾驶操作。L5 代表完全自动化，无须人类驾驶者任何操作，全靠无人驾驶系统操作，在有需要时可切换至人工操作模式。

在资本力量和产业界企业的共同推动下，自动驾驶汽车（同"智能网联汽车"）关键技术的发展取得了很大的成果，并开始进入公开道路测试的阶段。美国、英国、德国、荷兰等国家陆续准许自动驾驶汽车在公开道路上进行测试，Waymo、福特、通用等企业积极开展。中国出台《智能网联汽车道路测试管理规范（试行）》，确定了智能网联汽车测试管理的基本框架，从国家层面准许各地开展自动驾驶公开道路测试。地方层面，北京、上海、重庆、深圳等十余个城市陆续出台了测试管理实施细则。

随着自动驾驶技术创新的升级迭代，越来越多的客车厂商、互联网公司以及零部件供应商参与其中，使得自动驾驶市场快速发展，客观上促进了公交巴士自动驾驶的应用。目前，已有深兰科技熊猫公交、金龙集团海格客车、百度阿波龙等获得自动驾驶路测牌照。熊猫公交的自动驾驶技术等级介于 L3 ~L4，百度阿波龙为 L4 级别，金龙的阿波龙、金旅星辰、苏龙金龙深蓝等 3 款"金龙"系为 L4 级别智能驾驶客车。

8.1.1 自动驾驶车辆的智慧感知

自动驾驶车辆的一般有以下功能：

①驾驶模式切换(人机双驾)：具备自动、人工两种驾驶模式切换功能，在自动模式下，驾驶员能在任何时间直接干预并操纵车辆。

②超级巡航：自动对车辆进行横纵向控制，按照规划路径行驶，自动完成加减速、转弯、变道等操作。

③自适应巡航：检测当前车道内是否有车辆，控制车速是否减速、加速或按照设定速度行驶。

④自动变道：对车辆周边环境进行检测，前车速度过慢或停止时，自动观察周围路况，并对车辆进行横纵向控制，自动完成变道。

⑤车道保持：自动对车辆进行横向控制，保持车辆始终沿固定车道行驶。

⑥自动刹车：车辆以巡航速度行驶，当前方车辆减速或出现障碍物时，车辆自动减速；当车辆与障碍物距离小于安全距离时，自动制动直到停止。

⑦交通标志及目标识别：能够识别车道线、交通标志、交通灯、行人车辆。

⑧驾驶员行为监控：通过内部摄像头进行驾驶员的行为监测，若监测到驾驶员疲劳现象，及时提醒。

⑨外部灯光自动控制：提供明显不同的灯光，用来分辨车辆是否处于自动驾驶或人工驾驶模式。能够自动控制转向灯、制动灯等外部灯光。

为了实现以上功能，自动驾驶中的感知系统至关重要，它相当于自动驾驶车辆的五官和大脑。感知系统用摄像头查看看前面的路，用雷达观察车周围的车、人及实体，用信息识别单元分析、判断。感知系统由传感器、高精度地图、信息识别单元三部分组成。

传感器主要包括光学摄像头和雷达，相当人的眼睛和耳朵，其主要功能是车辆收集周围的即时信息，为自动驾驶车辆提供完整、准确的环境数据。常用的传感设备包括：光学摄像头；光学雷达；微波雷达；导航系统等。

高精度地图提供的环境信息中相对固定、更新周期较长的信息，比如车道标记、路缘、交通信号灯等。

信息识别单元利用深度学习等手段，对传感器接收到的信息进行识别。目前对外界事物进行准确识别的基本算法和技术有：误差反向传播算法和先进的数字摄像技术。

一般自动驾驶客车智慧感知构成见图 8-1。

图 8-1　福田自动驾驶客车智慧感知构成

大运量客车的智慧感知构成见图 8-2。

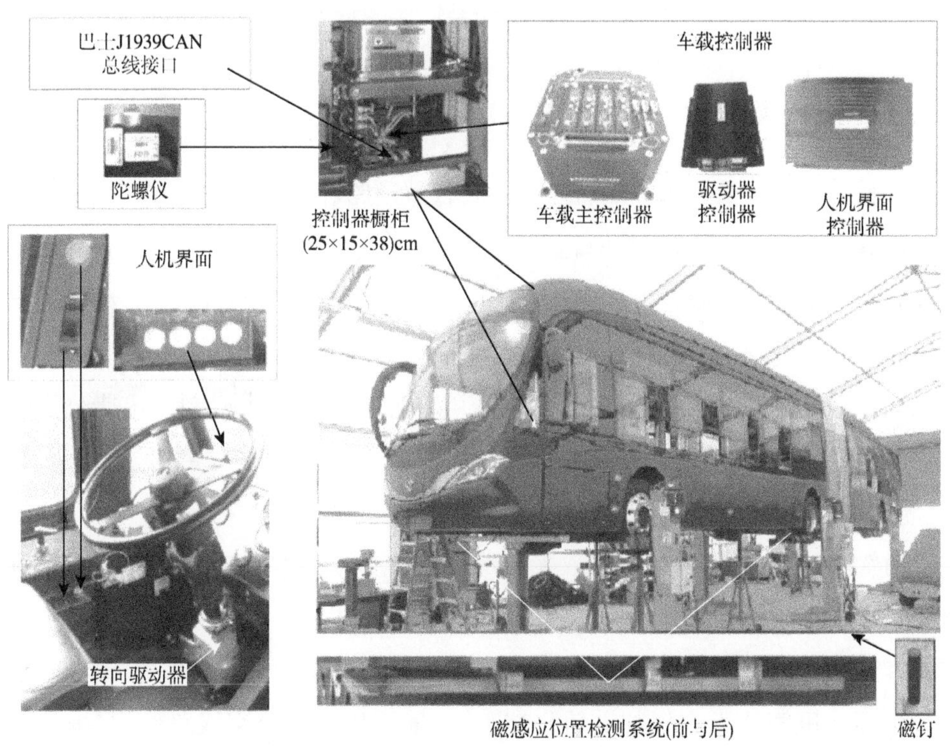

图 8-2　银隆自动驾驶客车智慧感知构成

无人驾驶小巴的感知构成见图 8-3。

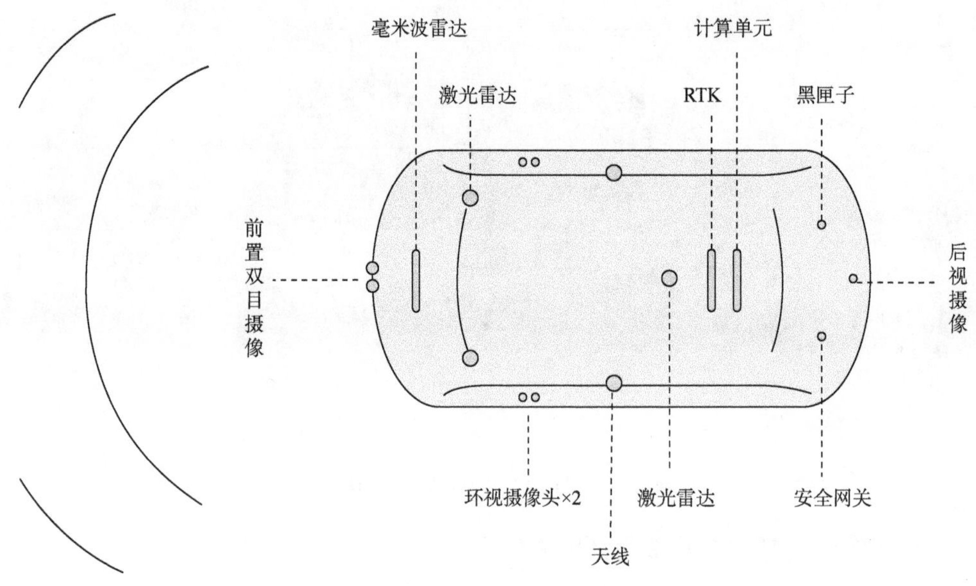

图 8-3　百度自动驾驶客车智慧感知构成

8.1.2　自动驾驶在公交系统的应用场景

自动驾驶公交系统由智慧车辆、智慧车站、智慧道路和智慧中心组成。快速公交智能系统包括网络通信系统、运营调度中心、车载智能系统、站台智能系统、车场智能系统、信号优先控制系统。公交走廊智能集成化管控系统部署在运营调度中心,为快速公交提供稳定可靠的智能系统软、硬件支撑平台(图 8-4)。

为保证公交线路的快捷运营,配备公交专用车道和公交优先机制。快速公交线路车辆具有最高优先通行权,其他线路车辆相逢时为其让道,或在站台停靠时让快线车辆优先进站、优先出站。

在自动驾驶技术支持下,可以采取大容量车辆和小容量车辆混合运营方式,既满足高峰期乘客数量很多时需要大乘载量车辆的情形,又满足低峰期乘客少、发班频次低时能直接响应乘客需求、为用户快速派遣车辆服务的场景。

大容量高速度智能无人驾驶电动公交车辆,采用传统的公交线路形式,按照排班计划表发车,定点定线,逐站停车,解决早晚高峰、通勤、火车到离等大客流的需求(图 8-5)。

无人驾驶小巴,采取电梯运行方式,乘客在站台呼叫车辆,接到呼叫信息时小巴即驶往呼叫站点，其间驶过的车站有人候车则停靠，无人候车则直接越站向前行驶（图 8-6）。使用快速公交走廊及站点运营，灵活模式下可驶离走廊，覆盖线路周边区域。无人驾驶小巴满足按需调车、短时间候车的需求，避免低峰期乘客长时间候车，提高服务水平、提升城市形象。

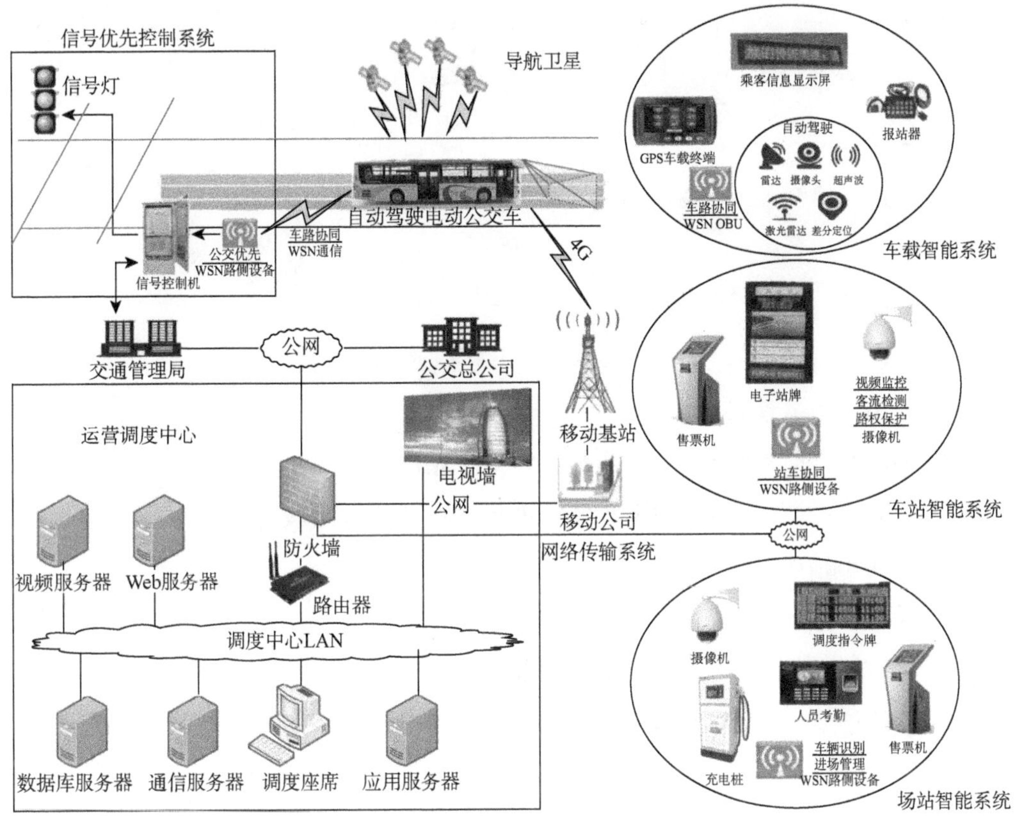

图 8-4　快速公交智能系统示意图

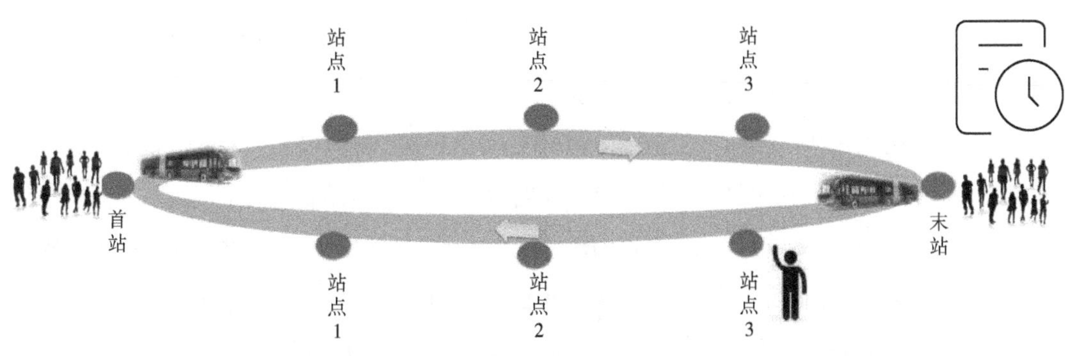

图 8-5　站点分布图

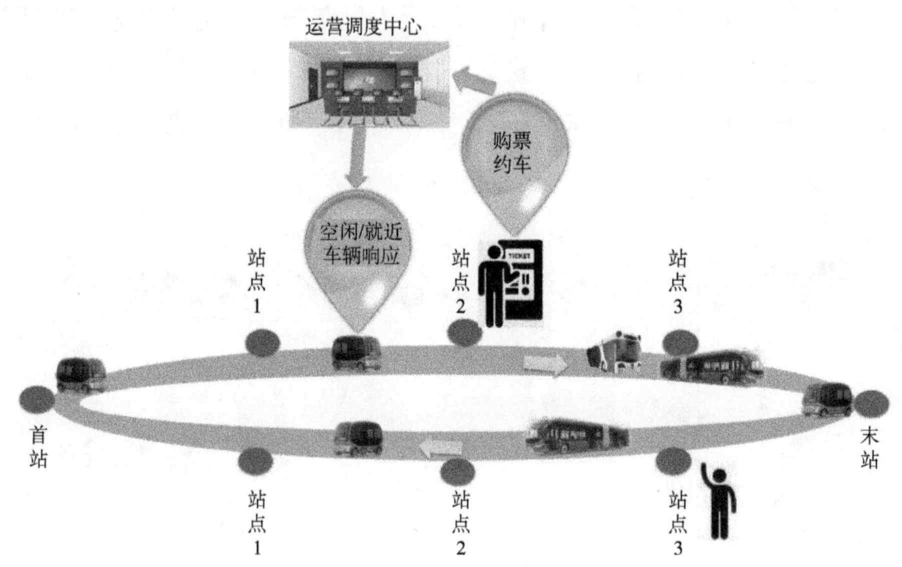

图 8-6　无人驾驶小巴服务业务流程

无人驾驶小巴服务业务流程为：

①旅客手机/自助售票机预约和购买特定上车站的车票。

②约车信息传送调度中心，空闲车辆或就近车辆响应并接收任务。

③旅客赶往车站或车站等候。

④手机或站台显示屏对巴士到站时间进行预报。

⑤巴士到站，旅客上车后确认已得到服务。

⑥到达目的站点，无人巴士本地停留或返回停车场站或去执行其他运送任务。

8.1.3　自动驾驶系统的对接

8.1.3.1　站车路协同对接：信号优先、车路协同、站台停靠

由信号控制设备提供商进行信号系统改造，处理信号优先申请和裁决，提供信号灯相位状态；自动驾驶车辆提供商提供车辆速度和控制。

在公交车辆出站时，安装在站台的路侧设备通过车路协同获得车辆出站信息、车辆速度信息，计算车辆到达下一路口的距离和所需时间；站台路侧设备获取前方路口信号灯相位信息，通知车辆前方信号灯相位信息，便于自动驾驶车辆根据计算调整自身的行驶速度，并尽量调度对向行驶的公交车辆同步到达路口，在同一绿灯优先周期内通过路口。

自动驾驶车辆还能利用站台路侧设备辅助定位功能准确判断车辆在站台的停靠站位、车身与站台边缘的距离，发出控制指令，操控车辆进入合适的站位，调整停靠时车身与

站台边缘的平行距离。

8.1.3.2 运营调度对接

与公交运营调度中心对接，智能公交监控调度系统实时获取自动驾驶车辆位置，调度管理车辆从源站点移动到目的站点。智能公交监控调度系统按排班时刻表向车辆发布调度指令，或者响应乘客叫车需求向车辆发布调度指令，车辆接收指令后驶往目标地点。异常操作时（包括事故、社会车辆或行人入侵公交走廊、犯罪和恐怖事件）的响应，则较为复杂，需要制订更高级的策略，由后台调度系统与车辆自动驾驶机构协同响应处理。

8.2 自动公交网络应用

8.2.1 自动公交网络介绍

自动公交网络（Automated Transit Networks，ATN）有时被称为个人快速公交（PRT），是一种独特的运输模式，它的特点是：

①直接始发至目的地服务，无须在中间站换乘或停车。

②可供个人或小型团体自行旅行的专用小型车辆。

③按需而不是固定的计划向用户提供服务。

④可每周7天、每天24小时使用的全自动车辆（无人工驱动）。

⑤车辆被固定在专门使用的专用道或者导轨上。

⑥小型导轨通常是高架的，但也可以是地面或地下的或近地面的，随着自动驾驶技术的成熟，导轨并非是必须的，PRT可以直接行驶在公共道路上（例如后述的Rivium案例），这种情形下导轨可以视为是虚拟存在的。

⑦能够在完全连接的网络上使用所有导轨和站的车辆。

综上所述，ATN的核心特征是：像一个自动出租车车队一样，在没有固定路线或时间表的专用道路网络上运行，车辆从起点到终点不间断行驶，车站位于主线导轨之外，乘客通常单独或与自己的同伴一起旅行。

自20世纪50年代以来，ATN的概念就一直存在，但目前世界上只有5个体现全部特性的案例（图8-7）。这些项目是：

①西弗吉尼亚大学的Morgantown PRT（1975）。

②鹿特丹郊外的公园穿梭车Rivium地铁接驳线（1999年）。

③阿布扎比马斯达尔市 PRT(2010 年)。

④伦敦希思罗机场 5 号航站楼班车(2011 年)。

⑤韩国尚臣湾的自然公园穿梭巴士(2014 年)。

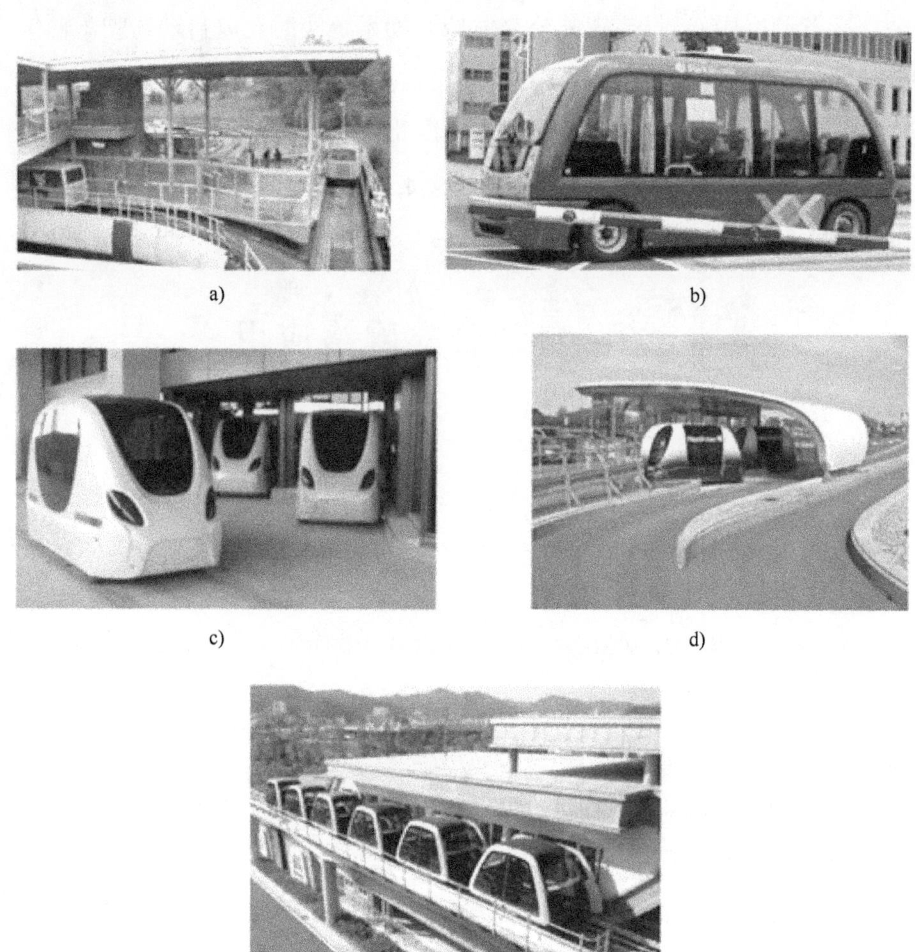

a)　b)　c)　d)　e)

图 8-7　ATN 实施案例

与传统的公交方式相比,ATN 可以通过在广域内灵活的站点布局提供相对较高的服务水平。

8.2.2　ATN 与其他交通方式的比较

ATN 是一种相对较新的定义,属于自动导轨运输(AGT)。在 2010 年之前,“个人快速运输(PRT)”的名称被用来指 ATN 概念。在欧洲,ATN 通常被称为“podcars”(吊舱)。

与所有形式的 AGT 一样,ATN 由在专用导轨上运行的自动车辆组成,将乘客从一个站送到另一个站。ATN 是独特的,因为车站是离线的,车辆从始发地前往目的地,没有中间停靠站或换乘。此外，ATN 不是定期发车的，像出租车一样，旅客可以选择单独旅行或与同伴同行。ATN 配置参数与其他形式的 AGT 以及 BRT（Bus Rapid Transit，快速公交系统）、LRT（Light Rail Transit，轻轨）和有轨电车有很大的不同。

ATN 的功能与其他交通方式有着显著的不同，但它与许多机场中常见的自动化人员移动（APM）有一些相似之处。APM 像自动公交车一样运行，路线固定，车辆可以有多个站点，从起点到终点，站点可以在主线上或主线下（但通常在主线上），乘客与陌生人成群结队乘车，乘客必须按固定的时间表等候车辆。

ATN 则像自动出租车一样运行：没有固定路线，车辆从始发站到终点站不间断地行驶，车站位于主线之外。乘客可以单独旅行，也可以选择同伴，乘客可以在方便时发车。

美国土木工程师学会将 ATN 纳入自动化人员搬运车（APM）家族，其安全标准也涉及无人驾驶、地铁、中小巴和区域循环车（ASCE 2013），尽管可能还需要扩大复杂 ATN 实施标准。

各种运输系统的比较见表 8-1。

运输系统比较　　表 8-1

项目	APM（自动运输系统）	PRT（个人快速公交系统）	GRT（团体快速公交系统）
定义	APM 是一种自动驾驶、立体交叉的公交系统，与轨道交通同一种类型，集合了多种传统城市轨道交通工具特点，其主要特征是列车的微型化	PRT 是一种智能化无人驾驶小型电动汽车公共交通系统，可实现多位乘车人（4~6 人）按需从各自最近的 PRT 网络某个节点上车，高速安全地把多位乘车人分别送达指定目的地，只在乘客目的地站点停车。有别于道路公交、有轨电车和地铁等固定线路公交系统，PRT 系统是世界上首个可实现点到点的交通模式	一种类似于 PRT 系统但承载更多乘客的公共交通系统，每个站台均上下乘客。出发站台可按目的地人数组团，达到发车人数后即发车。此类交通工具较合适密集度高的区域，主要服务对象为具有相同出发地与目的地的群体乘客，通常使用载运量为 12~70 人的车厢，可视为自动行驶的公交车
特征	像自动公交车一样运行：固定路线，车辆可以有多个站点，从起点到终点，站点可以在主线上或主线下（但通常在主线上）	像自动出租车一样运行：没有固定路线，车辆从始发站到终点站不间断地行驶，车站位于主线之外	站台达到发车人数即可发车。和 PRT 系统一样，GRT 系统可有较密班次（班次间隔为数秒到 1min），也可设置分岔路线，以便选择性地绕行主线，搭载支线的乘客
	乘客与陌生人成群结队	乘客可以单独旅行，也可以选择同伴	乘客与陌生人成群结队
	乘客必须按固定的时间表等候车辆	乘客可以在方便时安排发车	乘客可以在方便时安排发车

续上表

项目	APM(自动运输系统)	PRT(个人快速公交系统)	GRT(团体快速公交系统)
案例	服务于相对较小区域的系统,如机场、市区或主题公园	PRT 系统的研发供应商主要有 2getthere、ULTra 和 Vectus 公司。 阿布扎比马斯达城和伦敦希斯罗机场已建设并成功运营智能化无人驾驶 PRT 系统	阿姆斯特丹机场到 Rivium 商业园的 GRT 系统在运营当中,该系统由 2getthere 公司设计,于 2005 年投入使用,为无人驾驶车辆,无专用导轨

8.2.3 ATN 组件构成

ATN 不同于在城市街道上行驶的自动驾驶汽车,因为 ATN 通常被认为是类似于火车或公交车的公共交通模式,而不是像汽车这样的私人消费品。ATN 主要依赖于网络上车辆运行的中央控制管理。相比之下,自动驾驶汽车是自主的,依靠独立的传感器来导航、在受限的路权范围内运行、对其他车辆或障碍物做出反应。

ATN 系统由车队、导轨网络、电气化设备、车站、监控中心、具有必要运维设备和零备件的服务设施以及核心通信、控制硬件和软件子系统组成。所有组件都是经过选择和集成的,这样用户就可以确保系统安全可靠地运行,并且能够满足性能要求。

ATN 是一种复杂、大规模、地理范围广泛的移动设备,由以下组件组成:

①软件,这是 ATN 系统的核心,集成了所有其他组件,协调它们以提供功能正常的移动服务。中央控制管理车辆移动、实时按需行程安排、空车管理以及对异常操作(包括事故、导轨入侵、犯罪和恐怖事件)的响应。它们需要由熟练的技术人员进行调试、维护和保护。

②电气和电子部件,包括电源轨、变电站、通信、传感和车站设备。

③导轨、立柱和基础,通常是 ATN 系统中最可见和最昂贵的部件。

④车辆,是乘客体验的基础。它们有特定的规格、特定数量的座位,可能包括站立者的空间,可能包括便利设施。

⑤对于城市生活来说,车站是 ATN 最重要的元素。从这个意义上说,ATN 配置和车站的布置要具有灵活性,需要考虑相关的规划参数。

⑥控制中心、停车区(场站)、维修区和相关设备都是必需的设施、设备,它们通常集中在一个场所。

参 考 文 献

[1] 杨应科，李磊．城市交通改善之综合走廊管理法——西安市北大街交通改善实践[C]//新型城镇化与交通发展——2013 年中国城市交通规划年会暨第 27 次学术研讨会论文集．2014(4)：1245-1258.

[2] 方可，Samuel Zimmerman，王伟，等．城市交通一体化走廊管理的理念与实践[J]．城市交通．2012，10(3)：8-22.

[3] FHWA. Integrated Corridor Management (ICM) Program：Major achievements，key findings，and outlook[EB/OL]. https://trid. trb. org/view/1648115.

[4] 王建军，严宝杰．交通调查与分析[M]．北京：人民交通出版社，2004.

[5] 徐循初．城市道路与交通规划[M]．北京：中国建筑工业出版社，2007.

[6] 许云，王薇．基于 Transcad 平台二次开发的城市公共交通线网优化决策支持系统[J]．交通与运输(学术版)，2012(7)：77-81.

[7] 全球环境基金"缓解大城市拥堵减少碳排放项目"．哈尔滨市公共交通线网优化及基础设施完善研究[R]．2017.

[8] 赵锐．基于 WSN 的公交相对优先技术研究及应用[D]．西安：长安大学，2017.

[9] 卢小林．高效能公交一体化走廊规划与设计理论研究[D]．济南：山东大学，2016.

[10] 李嘉鸣．西安市公交协同调度优化研究[J]．汽车实用技术，2018，6：157-159.

[11] 赵倩．基于视频分析的公交客流统计技术研究与实现[D]．重庆大学，2016.

[12] 宓恬．基于移动 WiFi 的公交车辆客流检测系统研究[J]．中国公共安全(综合版)，2017(9)：80-83.

[13] 肖晓阳．基于 ZigBee 的物联网公交管理和定位系统[D]．北京邮电大学，2015.

[14] 吴皓,张海波．公交信号优先控制系统的应用与分析[J]．电子世界，2018(9)：113-115.

[15] 陈显林．公交车停靠站台的设计[J]．城市建设，2012(23).

[16] 张正普．车站站台非安全区安全监控系统实现方法[J]．铁路计算机应用，2014(10)：63-65.

[17] 吴慧兰．城市智能化公交站台设计[J]．工业设计，2018(10)：143-144.

[18] 杨奕聪．基于 WSN 的智能交通管理系统设计与研究[D]．北京邮电大学，2017.

[19] 向新胜．车路协同在智慧交通中的应用分析[J]．道路交通管理，2017(8)：39.

[20] 韩彬．车载终端技术的现状与发展[J]．汽车工程师，2018(5)：11-13.

[21] 王宗暐．智能路侧系统在车路协同技术中的应用[J]．中国市政工程，2013(4)：66-67.

[22] 温志勇，修战宇，陈俊先．LTE-V 车路通信技术浅析与探讨[J]．移动通信，2016(24)：41-45.

[23] 王瑞斌，王军利．信号交叉口公交优先控制策略探讨[J]．中国人民公安大学学报(自然科学版)，2010，16(01)：87-90.

[24] HU J, PARK B, PARKANY E. Transit signal priority with connected vehicle technology [J]. Transportation Research Record: Journal of the Transportation Research Board, 2014(1): 20-29.

[25] HU J, PARK B, LEE Y. Coordinated transit signal priority supporting transit progression under connected vehicle technology [J]. Transportation Research Part C: Emerging Technologies, 2015,55: 393-408.

[26] HU J, PARK B, LEE Y. Transit signal priority accommodating conflicting requests under connected vehicles technology[J]. Transportation Research Part C: Emerging Technologies, 2016, 69: 173-192.

[27] LIU H, WU X, MA W, et al. Real-time queue length estimation for congested signalized intersections[J]. Transportation Research Part C: Emerging Technologies, 2009, 4(17): 412-427.

[28] MATHEW J, THOMAS H, SHARMA A, et al. Studying platoon dispersion characteristics under heterogeneous traffic in India[J]. Procedia-Social and Behavioral Sciences, 2013, 12(104): 422-429.